ケインズの経済学と現代マクロ経済学

大矢野栄次

ECONOMICS
OF KEYNES
&
MODERN MACROECONOMICS

[著]

同文舘出版

目　次

プロローグ ─────────────────────── 1
1. 経済学の生い立ち ………………………………………… 1
2. 資本主義経済の理想の状態としての
　　　自由放任主義 …………………………………………… 2
　（**1**）マンデヴィルと自由放任主義　2
　（**2**）アダム・スミスの自由放任と見えざる手　3
　（**3**）資本主義経済の発展　4
3. グローバリズムと市場の暴走 ………………………… 5
4. 市場規模と分業の程度を決定するのは，
　　　資本量であること ……………………………………… 7
　（**1**）産業革命と資本規模　7
　（**2**）資本規模と分業　8
5. 本書の目的 ………………………………………………… 8

第 **1** 章　ケインズ革命 ─────────────── 11
1. ケインズ革命 ……………………………………………… 11
2. ケインズ経済学とマクロ経済学 ……………………… 13
3. 大恐慌の経験とケインズ経済学 ……………………… 15
　（**1**）大恐慌の経験　15
　（**2**）アメリカと世界大恐慌　17
　（**3**）ケインズの有効需要理論による解釈　18
4. 動学的分析の必要性 …………………………………… 19
5. 資本の概念 ………………………………………………… 21
6. ジョン・メイナード・ケインズ ……………………… 22
　（**1**）ケインズの人となり，インド省時代　22
　（**2**）ケンブリッジ大学と大蔵省の往復時代　23

i

（3）その後のケインズ　　26
7. 投資家としてのケインズ・美人コンテスト理論 ………… 30
　（1）ケインズ・サーカス　　31
　（2）ケインズ案；バンコール　　32
8. 今日の日本経済における失業問題 ……………………… 33

第2章　ケインズが「古典派」と呼んだ新古典派経済学 ———————— 37

1. 古典派経済学における雇用理論と雇用政策 …………… 37
　（1）古典派の第1公準；労働需要表　　37
　（2）古典派の第2公準；労働供給表　　41
　（3）古典派経済学の失業の概念　　42
　（4）古典派経済学における労働市場の均衡条件　　43
2. 古典派経済学の「貸付資金説」……………………………… 45
3. 市場原理は社会的余剰最大化モデル ……………………… 48
　（1）市場均衡状態よりも少ない取引量の場合の
　　　社会の厚生水準　　49
　（2）市場均衡状態よりも多い取引量の場合の
　　　社会の厚生水準　　50
4. ケインズ経済学と新古典派経済学 ………………………… 50
　（1）ヒックスの短期均衡概念　　51
　（2）ヒックスの週の概念　　52

第3章　ケインズの有効需要の原理 ———————— 55

1. ケインズの有効需要の原理 ………………………………… 55
　（1）総需要関数　　55
　（2）総供給関数　　57
　（3）宇沢弘文教授の総供給曲線導出　　58
2. 有効需要の決定と安定性 …………………………………… 63

3. 総需要関数の性質について ……………………………………… 64
 　(1) 消費性向：I. 客観的な要因　65
 　(2) 支出の諸動機について　67
 　(3) 消費性向：II. 主観的な要因　70

第4章　有効需要の原理と有効需要政策 ─────── 75
　─有効需要の理論（Z-D 分析）から
　　　　国民所得決定式（45度線分析）へ─

1. 有効需要の原理 ……………………………………………………… 75
 　(1) 有効需要の原理と非自発的失業　75
 　(2) ケインズ経済学における労働市場の均衡条件　75
 　(3) 失業の種類とその対策　77
2. 有効需要拡大政策 …………………………………………………… 79
3. 限界消費性向と乗数 ………………………………………………… 81
4. ケインズの有効需要拡大政策の新しい展開 ……………………… 84
 　(1) 総供給関数を下にシフトさせる社会資本投資　85
 　(2) 日本経済に求められる社会資本の充実と公共事業　86

第5章　国民所得決定式とケインズ乗数 ─────── 89

1. 現代マクロ経済学の流れ …………………………………………… 89
2. ケインズ経済学からケインジアンの経済学へ …………………… 90
3. ケインジアン・クロス（45度線の理論）………………………… 92
4. ケインズ経済学との相違 …………………………………………… 93
 　(1) 財政乗数・ケインズ乗数　95
 　(2) 財政乗数の過程　95
 　(3) ケインズの財政乗数の過程　97
 　(4) 租税乗数　98
 　(5) 均衡予算乗数　102
 　(6) 定率税の租税乗数　102
5. カルドアの消費関数 ………………………………………………… 103

6. 消費関数論争とケインズの消費関数 ………………………… 105
7. インフレ・ギャップとデフレ・ギャップ ………………… 106
　（**1**）デフレ・ギャップ　107
　（**2**）インフレ・ギャップ　107

第**6**章　ケインズの投資誘因と利子論 ─── 109
─資本の限界効率と流動性選好の理論─

1. 資本の限界効率 ………………………………………………… 109
　（**1**）類型別資本の限界効率表の概念　110
　（**2**）投資の意思決定　112
　（**3**）企業と投資関数　113
2. 資本の限界効率と投資関数の導出 …………………………… 115
　（**1**）投資の限界効率表　117
　（**2**）投資関数の導出　118
3. IS曲線の導出 ………………………………………………… 119
　（**1**）投資意欲の増大によるIS曲線のシフト　120
　（**2**）景気拡大のための財政政策によるIS曲線のシフト　121
　（**3**）景気引き締めのための増税政策による
　　　　IS曲線のシフト　122
4. ケインズ的景気循環理論 ……………………………………… 123

第**7**章　流動性選好の理論 ─── 127

1. 古典派経済学における貯蓄と投資の関係 …………………… 127
　（**1**）貸付資金説　127
　（**2**）家計の合理的行動；異時点間の消費；今期の消費と来期の消費　129
2. 古典派の貸付資金説批判としての時間割引率 ………… 131
3. 貨幣理論と貨幣数量説 ………………………………………… 132
　（**1**）フィッシャーの交換方程式　132
　（**2**）マーシャルのケンブリッジ残高方程式　133
　（**3**）両理論は本質的に同じ理論　134

4. 新貨幣数量説 ……………………………………………… 135
5. ケインズの流動性選好の理論 ………………………… 136
　(1) 貨幣需要と流動性選好理論　136
　(2) ボーモル＝トービン・モデル　139
　(3) 貨幣市場の均衡条件　141
　(4) LM 曲線の導出　142

第**8**章　一般均衡体系としてのマクロ・モデル ── 147
　　　　　―IS・LM モデル―

1. 予算制約条件とワルラス法則 ………………………… 148
　(1) 家計の予算制約　148
　(2) 企業の予算制約条件　148
　(3) 政府の予算制約条件　149
　(4) ワルラス法則　149
2. ケインズ的マクロ・モデルとワルラス法則 ………… 150
3. ケインズ的 IS・LM モデル …………………………… 151
　(1) 生産物市場の均衡条件　151
4. 貨幣市場の均衡条件 …………………………………… 153
5. 生産物市場と貨幣市場の同時均衡
　　―IS・LM モデル― ………………………………… 154
　(1) 比較静学分析―財政政策と金融政策の効果―　155
　(2) 安定条件　156
6. 比較静学分析 …………………………………………… 158
　(1) 財政政策　158
　(2) 金融緩和政策　161
　(3) 金融引き締め政策　163
　(4) 金融政策の方法　164
　(5) 財政金融政策の効果と政策効果の遅れ　166
7. IS・LM モデルの限界と経済学の停滞 ………………… 168

第9章 公共事業の意義とケインズ経済学 ——— 169
 ―社会資本と公共事業・ポリシー・ミックス―

1. 政府の機能としての社会資本建設 ……………………………… 170
  （**1**）社会資本　170
  （**2**）公共財　171
2. 公共事業の経済効果 ……………………………………………… 172
  （**1**）公共事業　172
  （**2**）ケインズ政策と公共事業　173
  （**3**）ケインズの有効需要政策の効果と限界　173
  （**4**）正しい公共事業　175
  （**5**）悪い公共事業　177
3. 財政政策 …………………………………………………………… 178
  （**1**）ビルト・イン・スタビライザー機能：
    I. 個々の家計の租税負担　179
  （**2**）ビルト・イン・スタビライザー機能：
    II. 経済全体の租税負担　180
4. ポリシー・ミックス ……………………………………………… 182
  （**1**）政府の予算制約式　182
  （**2**）4つの領域の分析　184
  （**3**）日本経済の状態とマクロ経済政策の可能性　186
5. ピラミッド建設の意義―再考察― …………………………… 188
  （**1**）ケインズによるピラミッド建設の意味　188
  （**2**）ピラミッド建設の意義についての各説　189
6. 3.11の復興の経済政策 …………………………………………… 192

第10章 開放体系としてのケインズ経済学 ——— 195

1. 開放体系の有効需要の決定 ……………………………………… 195
2. 開放体系マクロ・モデルの有効需要決定式 …………………… 197
  （**1**）消費関数　198

（**2**）貿易収支の決定　　199
　　（**3**）投資と政府支出　　199
　3. 開放体系マクロ・モデルの各乗数 ･････････････････････････････ 200
　　（**1**）財政乗数　　200
　　（**2**）貿易乗数　　201
　4. 国際的な投資関数の導出について ･････････････････････････････ 205
　　（**1**）直接投資の説明　　205
　　（**2**）南米や中国の異常な海外投資の理由　　206
　　（**3**）対策としての経済政策　　207
　5. 海外への金融投資の説明 ･･･････････････････････････････････････ 208
　　（**1**）資産選択主体の効用関数　　208
　　（**2**）リスク・リターン平面　　209
　　（**3**）安全資産＝無リスク資産の効果　　211
　　（**4**）安全資産の収益率が上昇した場合　　212
　　（**5**）危険資産の収益率が上昇した場合　　213
　　（**6**）現代ポートフォリオ理論
　　　　　―安全資産と危険資産との配分―　　214

エピローグ ―――――――――――――――――― 217

　1. 市場均衡理論がない日本の経済学 ･････････････････････････････ 217
　2. 日本の経済学 ･･･ 219

　事項索引　　221
　人名索引　　224

ケインズの経済学と現代マクロ経済学

プロローグ

1. 経済学の生い立ち

　今日の日本に流布している経済学は，イギリスを発祥の地とする新古典派経済学，あるいは，米国を発祥の地とするポール・A・サミュエルソン（Paul Anthony Samuelson；1915-2009）以後の新古典派総合以来の新々古典派経済学である。この新古典派経済学の流れは，すべての財・サービスはそれぞれの市場における市場均衡状態において安定的に取引が行われると仮定されることから，経済学分析は一般的に市場均衡の状態における分析が可能であるとされる。それは，市場均衡の存在とその調整機能の役割を重視した経済学である。しかも，経済の状態は常に均衡状態に速やかに修復・収れんされることを前提とした市場安定志向の経済学なのである。

　そこでは，家計や企業などの各経済主体がそれぞれの経済的目的に応じて合理的な行動をとるという前提の経済理論である。

　家計の経済的行動の目的の指標は効用であり，この効用を最大にするために家計は経済活動を日々合理的に行うと想定する。個々の家計の私利私欲に基づく効用最大化行動を合目的的行動として合理的行動を日々実行していると見なすのである。一方，企業の経済活動の目的の指標は利潤であり，この利潤を最大にするために企業は生産活動・販売活動という経済活動を日々合理的に行うと想定する。個々の企業の利己的な意思に基づく効用最大化行動と利潤最大化行動を合理的行動と見なすのである。

　人々の経済行動の原理は，ヨーロッパ社会における一定所与の倫

理観に基づいた，私利私欲による効用最大化行動である。また，企業行動の目的も，一定所与の倫理観に基づいた利己的な利潤極大化行動である。これは西洋的合理性のもとでの社会的倫理観とそれがもたらす日常生活における常識の上に立った経済原理である。そこでは，市場の有効性が問われているのである。

そこに「神の」という前提はつかないものの，「見えざる手」のなかで市場経済は動くものであるという，アダム・スミス（Adam Smith；1723-90）の「正義の法」[1]に基づく，西洋的な意味で予定調和説的な宗教的に確信的な概念を前提とした経済学として構築されているということができるであろう。

もし，他人のために働く人がいるとしたら，それは他人のために働くことが彼の満足度をより大きくするからであると説明するのである。このような人は聖職者か偽善者か詐欺師である。聖職者は，自分が天国に迎えられるための奉仕であるから効用最大化行動において矛盾は存在しないのである。詐欺師は，当然，結局は自分の利益になるのであるからその活動は矛盾しないのである。

2. 資本主義経済の理想の状態としての自由放任主義

（1）マンデヴィルと自由放任主義

1714年にバーナード・デ・マンデヴィル（Bernard de Mandeville；1670-1733）は匿名で『蜂の寓話』（*The fable of the bees*）と題した風刺詩を出版した。「人間は本来，欲の皮の突っ張ったものであり，そのような人間のやりたいようにさせておくと，社会的富が増加する」と詠った。「人間の奢侈や虚栄心，強欲などの「私悪」を放任しておけば結果的にそれらの総体として社会が繁栄する」というのである[2]。

---

[1] スミスはこの人々の自由な経済活動は，「正義の法」の範囲内でしか許されないと説明している。　[2] 矢沢サイエンスオフィス経済班編［2001］。

この本は「1723年ミドルセックスの大陪審院によって社会的に有害なものとの判決を受け，道徳科学史上悪評の故に有名」(p.360) とジョン・メイナード・ケインズ（John Maynard Keynes；1883-1946）は説明している[3]。すなわち，レズリー・スティーヴンによる要約；[1909]『英国人名辞典第12巻』pp.906-907として，次のように伝えている。「マンデヴィルはこの書物によって人々を激怒させた。そこでは冷笑的な道徳体系が巧みな逆説によって魅力的なものにさせられている。……繁栄は貯蓄によるよりもむしろ支出によって増進させられるという彼の教義は，まだ絶滅せずに残っていた当時の多くの経済的誤謬と一致していた。彼は，禁欲主義と同じように，人間の欲望は本質的に悪であり，したがって「私人の悪徳」を生み出すと仮定し，また普通の意見と同じように，富は「公共の利益」であると仮定することによって，容易に，すべての文明は悪徳の性質の発展をともなうということを示した」（ケインズ『一般理論』p.360）のである。

(2) アダム・スミスの自由放任と見えざる手

　マンデヴィルの「放置された私悪は公益を生む」という考え方に対して，スミスは「自己抑制をともなう利己心をもった個人の行為は規制される必要はなく，むしろ自由に任せれば良い。それが，「見えざる手」となって働けば結果的に社会全体の利益を生むことになる」と主張した。また，スミスはこの自由な行為は「正義の法」の範囲でしか許されないと説明している。この「正義の法」とは他人の身体，生存権，財産権を守るためのものであり，これが失われるならば「人間社会の偉大かつ巨大な組織は崩壊する」ことになると考えるのである。
　経済学はこのような市場交換を通した生産と分配の問題にとどま

---

[3] ケインズ／塩野谷訳［1983］。

らず，経済の日々の変動と長期間の発展についての議論にも言及する必要がある。

(3) 資本主義経済の発展

スミスの『国富論』において，「労働生産性の上昇は，分業の結果であり，分業は市場の広さによって制限される。分業が確立されると生産物の交換のために1つの商品が貨幣として選ばれ，貨幣的交換が行われるようになる」[4]と説明している。資本蓄積と土地の私有が存在しない初期未開の社会状態のもとでは，生産に要した労働量が商品の交換比率を決定し，投下労働価値説が成立すると説明するのである。

しかし，初期未開の社会ではなく，生産に資財が使用されるようになり，土地が私有財産となると，商品の価格は労働者への賃金と地主への地代，資本家への利潤の3部分から構成されることになるのである。スミスは商品の価格はそれぞれの地代と利潤と賃金率が市場均衡状態において一定の率で安定すると考えられる「自然価格」である長期均衡価格として議論するのである。

分業の進化は市場の広さ（規模）によって制限されるために，短期的には規模の経済性の実現は妨げられ，市場において競争が生ずることになる。そして長期的には，需要が増加すれば，分業が進み，生産費用と市場価格が低下することが予想されるのである。

分業が進み，労働生産性が上昇するためには，資本蓄積を必要とする。この資本蓄積と分業との関係は資本家の役割として説明されるのである。そして，地域的分業，国際的分業のためにはさらに大きな資本蓄積が必要となるのである。このためには，国際的な投資を行い国際的な分業を行う主体としての，国境を超えた国際的な存在としての資本家の役割が必要となるのである。ここで，経済学は

---

[4] 根岸［1997］の「3．アダム・スミスと『諸国民の富』」（1776年，正確には『諸国民の富の性質および諸原因に関する一研究』である）を参考にしている。

国内市場における分業問題を超えて,国際的な分業を通した経済活動として資源配分問題と所得分配問題,そして資本蓄積問題を国際経済学の分野において議論することになるのである。

3. グローバリズムと市場の暴走

資本蓄積の過程は,経済学的には経済的余剰の蓄積によって実現される。経済的余剰が投資資金となり,地主から土地を借り,道具や原材料を購入して,労働者を雇い入れて生産を行う資本家の登場によって実現するのである。より大きな市場を獲得した資本家は,より多くの余剰を獲得し,その余剰を資金として,設備投資を行って分業を進め,労働生産性を上昇させることによって,さらにより多くの余剰を手に入れることが可能となるのである。

一国の経済においてはこのような資本家による資本蓄積によって国民所得が増大し,消費の増大と貯蓄の増大を通じてさらに投資を増大させて所得を増大させ,市場を拡大していったのである。市場の拡大は,分業を促進させて,労働生産性を上昇させ,国民所得を増大させていったのである。しかし,国内市場の拡大に限界が生ずると,資本はやがて海外へ市場の拡大を求めることになるのは当然の結果であった。

国際貿易における歴史的事実は,デヴィッド・リカード(David Ricardo；1772-1823)の「国際貿易論」が説明することとは別の結果をもたらした。すなわち,リカードの「比較生産費説」のように国際間の資本と労働の移動はなく,両国の完全雇用と貿易収支の均衡を前提とした「国際貿易」による財・サービスの国際的交換だけによって双方に貿易利益が発生するという説明とは逆に,資本は対外不均衡＝先進国の対外余剰を通して貿易相手国における資本

形成を経て市場を拡大し，国家間を移動して，より多くの利益を追求するようになったのである。

　資本蓄積が進み，分業の成果を通して国内に豊かな市場をもつ先進国経済は，労働生産性が高い経済を背景として海外市場へ進出し，より多くの貿易余剰を生むことが可能となったのである。貿易余剰は海外貯蓄を増大させ，海外における経済活動のための投資資金となるのである。その結果，海外市場の拡大とともに，生産基地も海外に進出し，海外において生産規模が拡大して，貯蓄と投資の規模が拡大し，さらなる余剰が増大することになっていったのである。

　この対外余剰が増大する過程における資本の役割は重要である。何からも規制されない，マンデヴィルが説明するような「放置された私悪は公益を生む」という「私欲」によって国際貿易の自由化が唱えられ，世界中に富が生み出されるという「自由放任主義」に基づいた世界的規模での「市場原理」がその経済学の教義として今日受け入れられようとしているのである[5]。

　日本経済においては1986～91年の「バブルの発生」とそれ以後の「バブルの崩壊」の経験を背景として，そしてアジアにおいては1997年7月2日の「アジア通貨危機」という「ヘッジ・ファンド」による「国家間の自由な資本移動」を経験した後に，世界経済は「グローバリズム」というマンデヴィルの意味での「自由放任主義」経済に突入していったのである。

　このような現代世界経済において，資本主義経済の重要なメカニズムであると説明される「市場原理」，すなわち，「価格調整メカニズム」や「数量調整メカニズム」を通して，「市場の安定性」を研究テーマとするために経済学の原点に帰って研究することは重要な意義があるだろう。しかし，それは，国際的な資本蓄積と国際分業が世界経済の発展に貢献するだろうかという課題ともなるのである。

---

[5]　このような国際経済における現実は，植民地主義の時代をみればわかるように，スミスの説明する「正義の法」の範囲内での「自由放任主義」ではないことに経済学者としていささかの不安を感じないわけにはいかない。

グローバリズムへのマンデヴィル的な解答

マンデヴィルは『蜂の寓話』のなかで，次のように結論している。「一国を幸福にし，繁栄と呼ばれる状態をもたらす重要な方策は，すべての人々に就業の機会を与えることである。その目的を達成するためには，政府は次のことを配慮しなければならない。まず，第一に人知によって発明しうるかぎりの多くの種類の製造業，工業および手工業を奨励することであり，第2に，人間だけでなく全地球が力を発揮するように，農業と漁業のあらゆる部門を発達させることである。国民の偉大と幸福が期待されるのはこの政策からであって，奢侈と節倹に関する些細な統制からではない。なぜならば，金銀の価値の騰落がどうであろうと，あらゆる社会の楽しみはつねに地球の果実と人間の労働に依存するからである。両者はあいまって，ブラジルの金やポトシ（ボリビアの都市）の銀よりもいっそう確実な，いっそう無尽蔵な，そしていっそう実質的な財宝となる」のである。

4. 市場規模と分業の程度を決定するのは，資本量であること

（1）産業革命と資本規模

産業革命を成功に導いたのは，ジョン・R・ヒックス（John Richard Hicks；1904-89）の『経済史の理論』（1970年）によると，資本の蓄積であり，リスクの分散化であった。大型の資本設備を備えるための投資家のリスクを分散させる方法がみつかったときに，産業革命に必要な巨大な資本が投入されることになって，産業革命は成功したのである。これが資産の証券化であり，株式会社制度の発明であった。すなわち，「所有と経営の分離」であり，資本のリスクの分散化についての発明が行われたのである。

(2) 資本規模と分業

スミスの説明によると分業の水準を決定するのは市場規模であった。しかし，今日，市場規模を決定するのは何であろうか。それは，その産業に投下される資本量の規模である。当該の産業に投下される資本量の規模が市場規模を決定し，この市場規模が分業の程度を決定するのである。

すなわち，当該産業の市場に広がるリスクを負うことができる資本量が市場規模を決定し，この市場規模が分業の程度を決定するのである。このようにして資本量が決定する投資規模の全体がこの経済の有効需要の規模であり，雇用量を決定する要因なのである。

ということは，今後の世界経済の動向を考えるためには，各国の経営者の世界市場に対する行動パターンと，生産・販売方法についての工場配置や研究方向の決定における投資パターンを理解することが重要であり，その背景には，資本家のそれぞれの項目についての理解と展望についての認識が重要となるのである。

5. 本書の目的

本書の題名は，『ケインズの経済学と現代マクロ経済学』である。以上で説明した現代経済学の流れのなかで，唯一，現代の世界経済の考え方と経済政策の方向性を変革しうる経済学が「ケインズの経済学」であり，「ケインズ革命」の再認識であると考える著者のこれまでの経済学理解に対する再考察が本書の目的である。

[参考文献]

ケインズ，J.M./塩野谷祐一訳 [1983]『雇用・利子および貨幣の一般理論』東洋経済新報社 (Keynes, J.M. [1936] *The General Theory of Employment, Interest and Money*, The Macmillan Press LTD.)

スミス，アダム / 大内兵衛・松川七郎訳［1969］『諸国民の富』岩波書店．
根岸隆［1997］『経済学史入門』（(財) 放送大学教育振興会．
ヒックス，J.R./ 新保博訳［1970］『経済史の理論』日本経済新聞社．
マンデヴィル，バーナード / 泉谷治訳［1985］『蜂の寓話：私悪すなわち公益』法政大学出版局．
矢沢サイエンスオフィス経済班編［2001］『経済学はいかにして作られたか？』学習研究社．
レズリー・スティーヴン［1909］『英国人名辞典第12巻』(*Dictionary of National Biography; DNB*, Smith Elder, & Co.)，pp.906-907．

第1章 ケインズ革命

1. ケインズ革命

　現代マクロ経済学の理論と政策は，その基礎を「ケインズ経済学」に負うている。ここで，「ケインズ経済学」とは，1936年のケインズ（J. M. Keynes）の著書『雇用・利子および貨幣の一般理論』（*The General Theory of Employment, Inrerest and Money.*，以下『一般理論』と呼ぶ）の発表とともに登場した経済理論と経済政策についての新しいアイデアに基づいた経済理論であり，それまでの古典派経済学的な経済理論についての理解と経済政策の考え方に対する革命であった。そのために経済学の分野において「ケインズ革命」（Keynesian Revolution）と呼ばれている。

　「ケインズ革命」以前の経済学の主流派であった「古典派経済学」においては，今日のミクロ経済学的な市場均衡分析についての理論がその中心であった。そこでは家計や企業などの経済主体の合理的な行動に基づく市場均衡分析と，それらの経済主体の合理的な行動から導出されるそれぞれの財・サービスについての個別需要関数と個別供給関数をそれぞれの市場において集計して導出される市場の需要関数と供給関数によって，それぞれの市場（産業）について市場均衡が成立すると考えられていた。そして，それぞれの市場においての市場均衡状態を前提として経済主体の合理的行動や，企業や

産業の動向についての分析を行うのが中心であった。

「古典派経済学」においては，雇用量の決定は他の財・サービス市場と同様に，市場の価格調整機能が有効に機能することによって完全雇用は自動的に達成されるという考え方から成立していた。実際の経済において，このような市場調整メカニズムが機能しないならば，それは失業の存在にもかかわらず貨幣賃金率が伸縮的に変化しないことが原因であり，失業の原因は貨幣賃金の下方硬直性によるものであると考えられていた。

しかし，ケインズは経済全体の活動水準，および，雇用水準は有効需要の大きさによって決定されるものであること[1]，そして資本が豊富に存在し，それゆえに生産能力が過剰である経済においては新しい産品や新しい産業への投資の機会は稀であり，また消費性向が低いために，有効需要が不足する傾向があること。それゆえに経済は停滞状態に陥る傾向があることを説明したのである。

ケインズ的な「非自発的失業」が発生する原因は，経済全体の生産能力に対して有効需要が不足するためであり，自由主義経済（＝自由放任経済）においては，完全雇用が自動的に実現するメカニズムが存在しないことを説明したのである。経済を完全雇用水準で運営するためには政府の財政赤字政策によって有効需要を調整し管理することが必要であることを説明したのである。また定期的に生ずる深刻な失業問題を解決するためには，赤字財政政策による「ケインズ的な景気拡大政策」と適切な金融政策が有効であることを提唱したのである。

ピラミッド建設

ケインズは「ピラミッドの建設や地震や戦争さえも……富の増進に役立つものである」……「もし大蔵省が古い壺に銀行券をつめ，

---

[1] 経済全体の生産活動水準やその変動について，国民所得や雇用量というような集計的な変数やそれら変数の相互間の関係を説明するマクロ経済学の理論は，「ケインズ経済学」によって開始された新しい経済学の分野であったのである。

それを廃炭坑の適当な深さのところに埋め，次に都会のごみで表面まで一杯にしておき，幾多の試練を経た自由放任の原理に基づいて民間企業にその銀行券を掘り出させる（もちろん，この利権は銀行券の埋められている地域の借地料の入札によって得られるものとする）ことにすれば，もはや失業の存在する余地はなくなり，その影響のおかげで，社会の実質所得や資本資産もおそらく現実にあるよりもはるかに大きくなるであろう」（ケインズ『一般理論』p.128）……「古代エジプトのピラミッドの建設と貴金属の探索という２つの活動を持っていた点で，２重に幸せであり，伝説にまでなったその富は疑いも無くこのためにできたものであった。これらの活動の果実は消費されることによって人間の必要を満たすものではなかったから，過剰によって価値が下がることはなかった」（p.129）と述べている[2]。

　これは，雇用を創出し経済を成長させる投資が実現するか否かは富の保有者と資本家の投資的動機によって左右されるものであり，その基準は利子率と資本の限界効率との関係によって説明されるからである。利子率がこれ以上低下しない状態まで富が蓄積されたときには，経済は「豊饒の中の貧困」の状態にとどまることになるというケインズの認識を背景に，実質所得や資本資産を大きくすることによって社会の雇用量を増加させる方法としてケインズは有効需要の理論を説明したのである。

2. ケインズ経済学とマクロ経済学

　『貨幣改革論』（1923 年；A Tract on Monetary Reform）や『貨幣論Ⅰ・Ⅱ』（1930 年；A Treatise on Money）の著者として有名なケインズは，マーシャル経済学（ケンブリッジ経済学＝新古典派

---

[2] ピラミッド建設についての経済学的分析は，ケインズ以後の新しい知見に基づいて分析することができる。このことは本書の「第９章　公共事業の意義とケインズ経済学」において説明する。

経済学）の後継者であり，同時に批判者の側面をもった存在である。しかしケインズはマーシャル経済学の否定者ではなく，正統な後継者である。

　前節で説明したように，ケンブリッジ大学の伝統のなかで育ったケインズが『一般理論』（1936年）を発表することによって「ケインズ革命」と呼ばれる経済学の一大変革が成し遂げられるのである。しかし，その『一般理論』の発表後，オックスフォード大学のヒックス（J. R. Hicks）が「ケインズ氏と「古典派」たち」（Mr. Keynes and the "Classics：A Suggested Simplification," *Econometrica,* 1937）において展開したIS・LM分析が，ケインズ的なマクロ経済学の普及版となってアメリカの経済学会を中心として戦後世界の経済学のスタンダード・モデルとして発展するのである。このようにして『一般理論』とヒックス＝ハンセンによって広められたIS・LMモデル分析以後の経済学の発展によって生まれたマクロ経済学が今日の現代マクロ経済学の中心的なモデルとなったのである。

　しかし，ケインズ革命を生み出すようなケンブリッジ的な風土とソースティン・ヴェブレン（Thorstein Bunde Veblen；1857–1929）やアーヴィング・フィッシャー（Irving Fisher；1867–1947）などのアメリカ制度学派の伝統に基づいた「極端な自由放任を主張するオーストリー＝アメリカ学派」とは本質的に異なる背景と要素があった。またジョセフ・A・シュムペーター（Joseph A. Schumpeter；1883–1950）によって大陸の経済学であるオーストリア学派やウィーン学派の影響を強く受けたサミュエルソン（P. A. Samuelson）などによって展開される「新古典派総合」によるマクロ経済学とその政策論の意味は，本来のケインズ経済学の意図とはまったく異なったものになってしまったのである。そして，ブレトンウッズ体制（GATTとIMF制度）のもとでの戦後の世界経済の変

化とアメリカ経済との関係等のように，アメリカの歴史的条件と経済理論とのかかわり方は経済学の発展にとって重要な役割を果たしたのである。

ケインズ革命とケインズ経済学

　ケインズの有効需要政策は積極的財政政策などの公共投資政策であり，投資の国家管理政策であった。その本質は，単なる有効需要の付加ではなく，政府による公共投資が企業家のマインドを改善することによって経済全体の投資水準が底上げされるという点にあった。ということは，ケインズ政策とは産業の国有化を意味するものではなく，資本主義の欠点を補強するものであり，資本を管理しようとする政策であった。

　このように，ケインズが提唱した経済理論と経済政策を基礎とする経済学を「ケインズ経済学」（「ケインズ主義」という場合もある）と呼ぶのである。

3. 大恐慌の経験とケインズ経済学

（1）大恐慌の経験

　図 1.1 は大恐慌期（1921-29 年，1930-38 年）のアメリカ，イギリス，フランス，ドイツ，各国の失業率を比較したものである。第 1 次世界大戦の敗戦国であるドイツの失業率が高いのは歴史的には当然であるとして，1920 年代はイギリスとアメリカの失業率が特に高く，1930 年代はアメリカの失業率が非常に高いことがわかる。その次にフランスの失業率が高いことが示されている。

　この大恐慌の発端は，1929 年の 10 月 24 日（暗黒の木曜日；Black Thursday）に起きた，アメリカ合衆国のニューヨークのウォール街

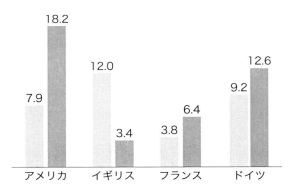

図1.1 大恐慌期の失業率(%)

出所：貝塚［1991］。

での株式取引所で生じた株価の大暴落から始まった金融恐慌 (Financial Crisis) であった。「1929年の株価のピーク時と比較すると株価は11月中旬には44％も下落した。その後，株価は一時上昇したが，1932年6月にはかつてのピーク時の15％にまで下がった。また，1931年後半には銀行の倒産が多発し」(貝塚［1991］, pp.90-91)，1930〜33年に至るまで9,000以上の銀行が倒産し，金融仲介機能は低下し，金融システムはかなり不安定となった。

　実質経済の生産指数も1929年の10月から12月にかけて10％下がり，1930年12月には30％も下がった。失業者は1,280万人になった。アメリカの不況による輸入の減少は世界にとっては輸出の減少であり，輸出乗数を通して，世界各国にアメリカの不況を輸出することになった。すなわち，各国からみるとアメリカの不況を輸入することになったのである。

　また，金本位制のもとでは，各国は輸出減少によって生じた外貨準備の減少に対応して，金融引き締め政策を採用することによっ

て，さらに景気を抑える効果が生じたのである[3]。この大恐慌の終焉は，アメリカ合衆国のフランクリン・ルーズベルト大統領（Franklin Delano Roosevelt；1933–45年在任）の金融緩和政策と，ドイツのヒトラー（Adolf Hitler；1889–1945）の政権拡張政策が開始される頃からである。そして，ドイツと同様に日本の対米戦争開始時期とも重なるのである。このことがケインズの「ピラミッドの建設や地震や戦争さえも……富の増進に役立つものである」（下線は引用者）という文言の証明となってしまった観があるのである。

(2) アメリカと世界大恐慌

　古典派経済学の信奉者であったハーバート・フーバー大統領（Herbert Hoover；1929–1933年在任）は自由放任政策を採用した。しかし，大恐慌が始まると，1930年には保護貿易政策を採用し，世界各国の恐慌を悪化させてしまったのである。この結果，1931年には，オーストリア最大の銀行が倒産し，ヨーロッパ経済の悪化が予想された。これは，世界経済の中心がヨーロッパである時代からアメリカの時代へ移行し始めた象徴となったのである。

大恐慌とニューディール政策

　1932年後半～33年春（恐慌のピーク）において，恐慌発生直前と比べて株価は80％以上下落し，工業生産は平均で1/3以上低落した。アメリカ国内では1,200万人に達する失業者が発生し，失業率は25％にまで上昇した。閉鎖された銀行は1万行，1933年2月には全銀行が業務停止した。「ニューディール政策（New Deal）」は，アメリカ合衆国大統領フランクリン・ルーズベルトがこうした世界恐慌を克服するために行った一連の経済政策である。「新規ま

---

[3] この時期が日本にとっては昭和恐慌の時代（1930–31年）に当たるのである。

き直し政策」とか，単に「ニューディール」とも呼ばれる。「ニューディール政策」はそれまでアメリカの歴代政権がとってきた，市場経済への政府介入も経済政策も限定的な水準にとどめるという古典的な自由主義的経済政策（自由放任主義）から，政府が市場経済に積極的に関与する政策へと転換したものであり，第2次世界大戦後の資本主義国の経済政策に大きな影響を与えた。世界ではじめて「ケインズの理論を取り入れた」政策であると言われている。原案は，いち早く世界大恐慌から脱した日本の高橋是清が考えた政策（時局匡救事業）と多くの部分で同じである。ルーズベルト大統領は，「ニューディール政策」によって，テネシー川流域開発公社設立・農業調整法や全国産業復興法を制定した。

1934年6月，ケインズはコロンビア大学から名誉法学博士号を授与されるために渡米して，ルーズベルト大統領と面会した。このとき，ケインズの不況対策として公共事業を重視する考え方をルーズベルト大統領の顧問団（ブレーン・トラスト）が参考にしたと言われている[4]。

（3）ケインズの有効需要理論による解釈

ケインズの「有効需要の理論」（第3，4章参照）で考えるならば，「大恐慌の原因」は総需要の異常な減少が原因である。総需要の構成要素は，消費と民間投資と政府支出である。安定的な消費関数を前提とするケインズ経済学においては，消費は所得の増加関数であるから，過少消費説が大恐慌の原因ではないのである。民間投資水準が異常に減少したことが「大恐慌の原因」なのである。そうであるならば，大恐慌の結果として，総需要が異常に低下した原因に対する財政政策の運営に問題があったということになる。

しかし，当時，金融引き締め政策や財政引き締め政策が採用され

---

[4] 第2次世界大戦後，アメリカからの帰国の際に記者に，イギリスはアメリカの49番目の州になるという噂は本当かと尋ねられると，ケインズは即座に「そんな幸運はないよ」と答えたという話は有名である。

ていないため，このようなケインズ経済学モデルによる単純なメカニズムの解釈では，大恐慌の原因を説明できない。すなわち，民間投資の減少と消費の原因を説明しなければならないのである。

「有効需要の理論」とは，雇用と所得についての有効需要である。景気を良くするためには，有効需要を増加させなければならないのである。有効需要を増加させるためには，「消費と民間投資を増加させなければならない」。投資を増大させるためには，利子率を下げることが必要である。しかし，成熟経済では「資本の限界効率」が低下しているため，利子率を下げることによる投資の刺激政策は困難である。このように「資本の限界効率」が低下している経済においては，有効需要の大きさを確保するためには，「公共事業を拡大」することが必要になるのである。この公共事業による社会資本の建設によって民間企業に対して外部経済効果が発生するならば，「資本の限界効率」を上昇させ，民間投資の拡大が期待される。また，「消費を増加させる」ためには，所得分配を平等化させることが必要となり，そのためには，累進税率の適用が必要となるのである。

4. 動学的分析の必要性

消費関数に動学的要素を考慮して有効需要の理論に応用するならば，「大恐慌の原因」を説明することができると考える人々が登場する。すなわち，消費関数に「消費の資産効果」と「消費の将来への期待」を考慮するのである。

1920年代の終わり頃からの株価の大暴落とその後の銀行の倒産などによって，消費者は将来への危機感から耐久消費財の買い控えを行ったことによって消費が減少した。そして，その後の物価下落による債務圧力が消費者，企業，銀行の活動を消極的にした結果と

して民間投資が減少し,「大恐慌」が生じたと考えられる。

ニューヨークのウォール街において,株価が大暴落した1929年10月よりも以前の9月に生産指数はピークを示し,その後,下降に転じていた。この原因は1928年のはじめから連邦準備制度が行った通貨の対外価値を維持するために,株価の過熱状態を避けることを目的とした金融引き締め政策にあったと考えられている。

図1.2は,林［1988］のなかの図表である。当時のダウ工業株平均でみると,1929年末頃から急激に株式価格が暴落しているさまがわかる。

しかし,同時に次の図1.3の1925年から29年のダウ工業株平均の移動をみると株式価格がこの5年間で120程度から360程度へと3～4倍に上昇していることがわかる。この期間は諸外国からアメリカへの投資が盛んに行われた時期である。すなわち,この期間に大量の資金がニューヨーク株の購入に投入されたのである。これ

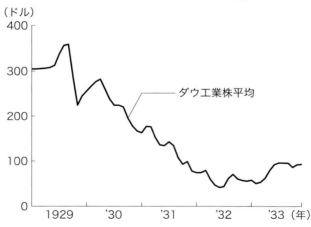

図1.2　大恐慌期のアメリカ：大暴落

出所：林［1988］。

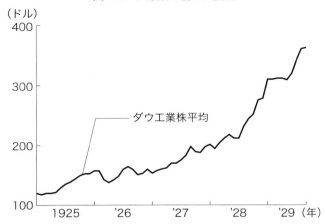

図1.3 大暴落の前の大投機

出所：林［1988］。

が突然，1929年の末に株価が360ドル程度から50ドル程度へと7分の1程度にまで急激に低下している。このことは，外国人が保有する株式の多くがその資産価値を暴落させたことが説明できるのである。

すなわち，ニューヨークの大恐慌の結果，外国人株の多くがその資産価値を破たんさせたのである。

5. 資本の概念

資本の概念には，大別して2つの概念がある。1つは，資本の物的生産性について定義される方法であり，土地，労働とともに生産の3要素として定義される資本の概念である。

もう1つは，資本の収益性の観点から定義される概念であり，その所有者に利潤または利子の形で収益をもたらすことが期待される財の蓄えとしての資本の概念である。

「資本は生産的なものとして語るよりも，その期間を通じて価値を超えて収益をもたらすものとして語るほうがはるかに望ましい。なぜなら，資産がその存続期間中に初めの供給価格よりも全体として大きな価値の用役を生むという予想を与える唯一の理由は，資産が希少だからであり，また，それがつねに希少でなくなれば超過収益は減少するであろうが，そのために資本が生産的でなくなるということはない——少なくとも物理的な意味においては。」(『一般理論』p.211)。

ケインズは，資本を固定資本，経営資本（原材料や仕掛品などの生産過程にある財）および流動資本（完成した製品の在庫）を含むものとして資本設備と呼ぶ。ここで，ケインズ経済学の特徴としては，資本の物的生産力が大であるということとその資本の収益性が大きいということは異なるということを説明しているのである。資本の物的生産力が同じであっても，それぞれの生産物に対する需要の大きさが異なれば，その資本の収益性（資本の限界効率）もまた異なるのである。

このケインズの資本の概念をマクロ経済学的分析として補強するためには，固定資本や経営資本，流動資本などの資本設備としての資本と貨幣や金融資産保有としての資本とに区別することが重要である。なぜならば，前者は資本の限界効率との関係で投資関数の問題として議論されるべきであり，後者は貨幣保有と金融資産保有との資産選択問題として分析されるべきであるからである[5]。

6. ジョン・メイナード・ケインズ[6]

(1) ケインズの人となり，インド省時代

J. M. ケインズ（John Maynard Keynes；1883年6月5日—

---

[5] ケインズは，後者の資本を虚業化する資本として，資本主義経済にとっては忌み嫌うものであるとしたのである。
[6] 小島監修, 石田・細山 [2011]。
[7] ケンブリッジ，ハーヴェイロード6番地が自宅であったことから，ケインズの思想を「ハーヴェ

イロードの前提」ということがある。
[8] ケインズの父はマーシャルと親交があり，ケインズは子どもの頃からマーシャルに可愛がられていた。
[9] ケインズは数学が好きで物理学に進もうとした。哲学を学び，心理学を研究した。休みの時にいく

1946年4月21日）はイギリス生まれ[7]の経済学者であり，ジャーナリスト，思想家，投資家，官僚である。経済学者アルフレッド・マーシャル（Alfred Marshall；1842–1924）[8]の弟子[9]であり，アーサー・セシル・ピグー（Arthur Cecil Pigou；1877–1959）とは，マーシャルの兄弟弟子の関係である。また，ルートヴィヒ・ウィトゲンシュタイン（Ludwig Josef Johann Wittgenstein；1889–1951）[10]やブルームズベリー・グループ（Bloomsbury Group）[11]との交流は有名である。

　ケインズは身長198cmの大男だった。弁論に長け，経済学者として活躍するようになった頃には，その雄弁さゆえに負けることを恐れて，誰も議論をしてくれなくなったといわれている。

　1905年（22歳），ケンブリッジ大学を卒業した彼は，数学[12]か哲学の研究が希望であった[13]。最高善を研究したいという動機であった。1906年（23歳），文官試験に合格し，合格者104名中2位であったためにインド省に入省した。インド省陸軍局勤務として，最初の仕事は牡牛10頭を船でボンベイに送る手続きであった。

　インド省の勤務中も，ケインズは確率論の研究を続けた。これまでの確率論は，頻度説のままである。ムーアの『倫理学原理』（1903年）において，社会常識に従うことは善を生み出す確率が高くなると説明していることを論証することであった。この研究はやがて「流動性選好の理論」に反映される。1907年（24歳），インド省租税・統計・貿易局に配属され，インドの道徳と物質的進歩についての年報の編集を行うことになった。このインド省における経験が，後のケインズの経済学に大きな影響をもたらすことになった。

（2）ケンブリッジ大学と大蔵省の往復時代

　1908年（25歳）6月5日にインド省を退職した後，ケインズはケ

つかの都市の貧しい地区を歩き，経済学の研究を徹底的にしようと決めたという。経済学は貧困の原因などを研究し人間が幸福になれる社会にして，人類の進歩に貢献する学問であるとするマーシャルの「騎士道精神」に基づいた経済学を志向した。

10　20世紀初頭の英国ケンブリッジを舞台に活躍したオーストリア出身の哲学者。

11　1906年頃から，イギリスのロンドンのブルームズベリー街にあったスティーブン家の姉妹ヴァネッサ（後のヴァネッサ・ベル；夫はクライブ・ベル）とヴァージニア（後のヴァージニア・ウル

ンブリッジ大学講師として貨幣論を研究する。1909年（26歳）3月にキングス・カレッジのフェローに合格し、特別研究員として「金融論」を担当し、1911年（28歳）には王立経済学会のエコノミック・ジャーナルの編集長に就任（1945年まで34年間続く）する。

1913年（30歳）に『インドの通貨と金融』をインドの金融と通貨を研究するための王立委員会の報告書の付録[14]として発表した。インドで行われている「金為替本位制」が「金本位制」よりも優れた貨幣制度であることを分析した。

第1次世界大戦の勃発によって、1915年（32歳）に大蔵省に勤務後、大学に戻り、戦争で危機的状況にあるイギリス経済のために「戦争と金融制度」、「ロンドンのシティーとイングランド銀行」、「貨幣についての展望」を大蔵省に送った。

1917年（33歳）、大蔵省金融局第1課から独立した対外金融を担当するA課の課長となった。1918年（34歳）1月8日、アメリカ大統領ウッドロー・ウィルソン（Woodrow Wilson；1913-21年在任）が14箇条の平和原則を提示した。11月11日にドイツが降伏し、ケインズは閣議に賠償案を提出（40億ポンド）した。これはドイツの支払能力は30億ポンドであるから、20億ポンドが限界であり、20年間に年1億ポンドが現実的であったのである[15]。

1919年（35歳）1月18日に開会されたパリ講和会議（Paris Peace Conference）[16]に参加し、対独賠償要求の無謀さに反対して委員を辞任した。このような戦勝国による戦費全額の賠償要求をすることは休戦条約に違反する偽善的なものであり、賠償の期限を決めないということなども、残忍で非現実的で不幸しかもたらさない要求であることを主張した。このような要求は**ローマ帝国が敗戦国カルタゴに行った仕打ちと同じであるとして「カルタゴの平和」**[17]と呼び、これに反対して辞任したのである。その後、『平和の経済的帰結』

フ；夫はレナード・ウルフ）の家に集まった若い知識人のグループ。ケインズやリットン・ストレイチー、ロジャー・フライ、E. M. フォースターら、美術評論家、政治評論家、経済学者、小説家などケンブリッジのトリニティ、キングズ両学寮で学んだ人たちの集まりである。

[12] 数学が得意で第1作は「確率論に関する論文」である。いままでの確率論が頻度説のままであることが誤りであり、経験と新たな行為の関係を解釈する認識の問題として捉えた。数学科優等卒業試験は12位であった。

[13] マーシャル『経済学原理』（1890年）やウィリ

(1919 年)[18] を発表して，第 2 次世界大戦の危機を招来することを説明した。

　ケインズの著作物のなかでも特に『平和の経済的帰結』は重要である。パリ講和会議は，ドイツを二度と立ち上がれないようにするために戦勝国，特にフランスとイギリスは天文学的な賠償金をドイツに求めたのである。その結果，国際貿易は縮小して経済は停滞し，賠償金受け取り国は，名目賠償金受け取り額以下の所得移転しか得ることができずに，第 2 次世界大戦の遠因を作ったのである。これは，**賠償金支払いのために輸出を増やし輸入を減らさざるを得ないドイツ**と賠償金受け取りのために可処分所得が増加し輸入が**増加して輸出が減少したフランス等**の経済の問題が原因であった。このテーマは，ケインズによって，今日では「**トランスファー問題**」[19]と呼ばれている有名な定理である。

　このヴェルサイユ会議（パリ講和会議）におけるこのようなドイツへの莫大な賠償金に対して著した『平和の経済的帰結』によってケインズは大反論キャンペーンを行った。しかし，このケインズの考えは政策担当者・諸国民から強烈な批判を受けることになった。その後，ナチス・ドイツの台頭と第 2 次世界大戦の勃発により，歴史という事実によってケインズのドイツの不安定化とヨーロッパの安定に対する危機という説明が正しかったことが証明されるのである。

　アメリカはドイツに対して財政面，物資面での援助を行い，それをもとにドイツは連合国に対して賠償金を支払い，アメリカが連合国からの戦債を回収する。軍事費に苦しむ日本に対しては，融資を行うとともに軍備削減を要求する。このような，ヴェルサイユ・ワシントン体制は 1929 年のアメリカの金融恐慌を機に崩壊していくのである。

14　アム・スタンレー・ジェボンズ（William Stanley Jevons；1835-82）『通貨と金融に関する研究』，ムーア『倫理学原理』を勉強した。
　1905 年 3 月 3 日のマーシャルからの手紙は「君の書いた付録は私の心を捉えました。私の知識と判断を超える建設的な意見にうっとりとさせられました。大きな困難の中を真っすぐにやすやすと自己の通路を切り開いていくのは素晴らしいことです」と書いている。

15　オーストラリアのヒューズ首相賠償委員会議長として 240 億ポンド：1 年間に 12 億ポンドとした。他の国は，60 億ポンド，210 億ポンド，50

1923年（40歳），ケインズは戦後のIMF制度の基本的な考え方を示す『貨幣改革論』を発表した。この『貨幣改革論』でのケインズは，まだ古典派の立場であった。すなわち，貯蓄と投資のメカニズムが円滑に機能するためには，物価が常時，安定していることだけではなく，将来にわたっても安定するという期待が必要であると論じている。すなわち，『貨幣改革論』の「目的のひとつは，物価が，一般的に下落するとか上昇するとかという確たる期待が決して生まれないようにすること，そしてまた，万一そうしたことが起こっても，その運動が大きくなるような重大な危険が生じないようにすること」（p.36）であると述べて，インフレーションやデフレーションを抑え，インフレ期待，デフレ期待も生じないようにすることを求めているのである。

　この『貨幣改革論』で有名な一節は，「長期的にみると，われわれはみな死んでしまう。嵐の最中にあって，経済学者に言えることが，ただ，嵐が遠く過ぎ去れば波はまた静まるであろう，ということだけならば，彼らの仕事は他愛なく無用である。」（p.66）という言葉である。

(3) その後のケインズ

　1925年（42歳），ケインズは，ロンドン公演で出会ったロシア人バレリーナ，リディア・ロポコワと結婚する。リディア・ロポコワ[20]は，まだイギリスに根づいていなかったバレエを根づかせる役目を担い，ロンドンやケンブリッジで舞台に立った。

　同年，ケインズはイギリスにおいて金本位制を復活させるかどうかについて，時の蔵相ウィンストン・チャーチルと金本位制復帰論争を行った。戦前の平価での金本位制復帰に反対したケインズは，『チャーチル氏の経済的帰結』（1925年）を発表することで，チャー

億ポンド，110億ポンド，38億ポンドであった。
16　第1次世界大戦における連合軍が同盟国の講和条件について討議した会議。ヴェルサイユ宮殿で講和条約の調印式が行われたことから，ヴェルサイユ会議とも呼ばれている。実際の討議のほとんどはパリのフランス外務省内で行われた。

17　ローマから殲滅されたかつてのカルタゴの歴史のようにドイツを貶めようとする戦勝国の論理を，ケインズは「カルタゴの平和」と呼び，この問題について論じたのである。
18　第2次世界大戦後に保守派チャーチルがケインズに対して「私も君の考え（『平和の経済的帰結』

チルを批判した。そして，その後の1931年（48歳）9月，イギリスは金本位制から離脱した。

1926年（43歳），『自由放任の終わり』を発表した。「アダム・スミスは，もちろん自由貿易主義者であって，18世紀のさまざまな貿易制限に対する反対者であった。しかし，航海条令と高利禁止法に対する彼の態度を見れば，彼が教条的な自由放任主義者ではなかったことがわかる」（p.140）。このように『国富論』を著したスミスでさえ，自由放任については「正義の法」の範囲内という限定的な態度であった。しかし，自由放任主義を最初に批判した正統派経済学者は，ケインズとは別の古典派経済学者であるJ. E. ケアンズ（John Elliot Cairnes；1823–75）『政治経済学と自由放任』（1870年）であった。これにマーシャル『経済学原理』（1890年）が続くのである。

自由放任論の2つの礎石は，(1) 自由市場のもとでの自然淘汰が進歩をもたらす，という考え方と(2)「「貨幣愛」という最も強力な人間的動機が，私的な金儲けの機会を最大限に引き出し，最大限の努力を引き出す誘因となる。……交換価値で測って最も望まれるものについて，可能なかぎり大規模な生産を実現するために個人主義者が訴えたのは，自然淘汰の補助として利潤追求の過程で作用する貨幣愛love of moneyであった。」（『自由放任の終わり』p.147）。

ここでいう，自由放任主義批判とは，「個々人が，その経済活動において，長い間の慣習によって「自然的自由」を所有しているというのは本当ではない。持てる者に，あるいは取得せる者に永遠の権利を授ける「契約」など1つもない。世界は，私的利害と社会的利害とがつねに一致するように天上から統治されているわけではない。世界は，現実のうえでも，両者が一致するように，この地上で管理されているわけでもない。啓発された利己心は，つねに社会全

が正しいと思っていた，しかし周りがそれを許さなかった」と発言，ケインズは生涯チャーチルを軽蔑した。

19 国家間の所得手数料問題として知られている。
20 1946年のケインズの死後，公の舞台から離れひっそりと暮らした。2人の間には，医学的理由から子どもができなかった。

体の利益になるように働くというのは，経済学原理からの正確な演繹ではない。また，利己心が一般に啓発された状態にあるというのも本当ではない。個々人は，各自別々に自分の目的を促進するように行動しているが，そのような個人は，あまりにも無力であるために，たいてい自分自身の目的すら達成しえない状態にある。」(『自由放任の終わり』p.151) というものである。

1930年 (47歳)，ケインズは『貨幣論』を発表した。『貨幣論』の核心は「第3編 基本方程式」「第4編 物価水準の動態」であるといい，それは「フィッシャーの交換方程式」「マーシャルのケンブリッジ現金残高方程式」といった従来用いられてきた数量方程式に対する批判である。伝統的貨幣数量説に対する『貨幣論』の批判のポイントは次の5点である。

① 『貨幣論』は「フィッシャーの交換方程式」の物価水準を「現金取引標準」，「マーシャルのケンブリッジ現金残高方程式」の物価水準を「現金残高標準」，両標準を「通貨標準」とそれぞれ呼び，「これらの通貨標準は，貨幣の購買力 (消費標準：引用者注) とは必然的に異ならざるをえないが，その理由は貨幣的取引の対象としての種々の商品の相対的な重要さは，それらの消費の対象としての相対的重要さと同じではないからである。」(p.77) と述べている。

② 伝統的貨幣数量説は生産要素の完全雇用 (完全雇用産出量) を仮定している。しかし，『貨幣論』は「貨幣ベール観」(第7章参照) は長期においては成立するが，短期には成立しないと論じているのである。ここで，貨幣量変化の短期の影響を検討するとき，貨幣賃金は消費者物価と比較して緩慢にしか動かないことに留意しなければならない。

③ 伝統的貨幣数量説は所得預金，営業預金，貯蓄預金を区別し

ていない。『貨幣論』は伝統的貨幣数量説は所得預金のみを取り上げていると解釈し、それは公衆が証券について強気でも弱気でもないことを意味している。

④ 伝統的貨幣数量説は貨幣総量を問題にしているが、『貨幣論』は貨幣（銀行預金）を何に支出するかで、「産業的流通の目的に用いられる預金」と「金融的流通の目的に用いられる預金」に分類し、それは「貨幣」ではなく「資金」の視点を取り入れている。

⑤ 伝統的貨幣数量説は「正常利潤（正常報酬）」と「意外の利潤（実際の報酬）」を区別していない。『貨幣論』は、「正常利潤（正常報酬）」は企業が社会貢献を行っていることから正当化される利潤（報酬）であると論じ、伝統的貨幣数量説は「正常利潤（あるいは正常報酬）」のみを取り上げていると解釈している。

この年、ケインズは、スターリン統治下のソ連を訪問し、記者の質問に対して「社会主義には興味がない」と述べた。

1935年（52歳）、『一般理論』の発表前日に、妻リビア・ロポコワのためのケンブリッジ芸術劇場が完成した。そして、翌年の1936年（53歳）に、「ケインズ革命」を引き起こすことになる『一般理論』を発表した。本書によって、①不完全雇用のもとでも均衡が成立すること、②反セイの法則[21]を打ち立て、有効需要の原理を基礎として、有効需要の不足に基づく非自発的な失業の原因を明らかにしたこと、③有効需要は市場メカニズムに任せた場合には不足する傾向があること、④乗数理論に基づき、減税・公共投資などの政策により投資を増大させれば、経済の景気は回復可能であること、を示した。

1940年（57歳）6月、ケインズは大蔵大臣キングスレー・ウッド

---

[21] 「供給は自ら需要を作りだす」として、商品は作れば価格調整機能によって売れ残りはなくなるという仮定である。

の諮問会議委員に就任したが「ノブレス・オブリージュ」（高貴な者の義務）として年俸を受け取らなかった。1941年（58歳），イングランド銀行理事に就任，1942年（59歳），男爵となる。

1944年（61歳），ブレトンウッズ連合国国際通貨金融会議に参加したケインズは，ここで「バンコール」（bancor）という国際通貨の創設を提案するが実現はしなかった。アメリカのハリー・ホワイト（Harry Dexter White）[22]案を元にしてIMF（国際通貨基金）を創設した。

1945年（62歳），ケインズはIMFおよびIBRD（国際復興開発銀行）の総裁に就任。1946年（63歳）4月21日に没した。

7. 投資家としてのケインズ・美人コンテスト理論

ケインズ自身は母校キングス・カレッジの会計係のときに，カレッジの基金3万ポンドを運用し，38万ポンドに増やすなどの貢献をした。しかし，その後，ケインズは株式価格形成の問題を当時の新聞で行われていた美人コンテストにたとえて説明した。要するに，個々の判断に基づく投資より投資家全体の投資行動を考慮した投資の方が有効であるという説明である。

「玄人筋の行う投資は，投票者が100枚の写真の中から最も容貌の美しい6枚を選び，その選択が投票者全体の平均的な好みに最も近かった者に賞品が与えられるという新聞投票に見立てることができる。投票者は，自身が最も美しいと思う写真を選ぶのではなく，他の投票者の好みに最もよく合うと思う写真を選択することを意味する」。すなわち，何が平均的な意見（写真）になるのかを期待して予測することである。このことは，株式投資に関して言えば，より多くの投票者（＝市場参加者）が，容貌が美しいと判断する（であ

---

[22] 彼は日本国にとっては悪い意味で重要な人物である。ホワイトはアメリカ合衆国の官僚でありソ連のスパイであったことがわかっている。

ろう）写真を選ぶことが有効な投資方法になるというわけである。

不美人投票

この「美人投票」に対して，「不美人投票」という説明がある。「為替や株式に関して，目立った好材料がないために，悪材料の少なさという消極的な理由で，投資先を選ぶこと」である。

(1) ケインズ・サーカス

ケインズの『貨幣論』（1930年）を理解したいと思う若い経済学者が「サーカス」[23]と呼ばれる集まりを作った。「乗数」という考え方を明らかにして，ケインズの「投資乗数」の理論に役立てたリチャード・カーン（Richard Ferdinand Kahn；1905-89）を中心にして，ジェイムズ・エドワード・ミード（James Edward Meade；1907-95），オースティン・ロビンソン（E. Austin G. Robinson；1898-1993），ジョーン・ロビンソン（Joan Violet Robinson；1903-83），ピエロ・スラッファ（Piero Sraffa；1898-1983）[24]などの以後，世界的経済学者となる人々である。彼らは，やがてケインズの『一般理論』を完全なものにするために次第に意見の交流を行うようになっていった。

ミードは，ケインズ経済学とヒックスの一般均衡理論を国際経済学の分析に適用して，国際経済政策の理論を発表したことが評価されてノーベル経済学賞を受賞した。

J. ロビンソンは，スラッファの影響を受けて，不完全競争の理論を確立した。その後，マルクス経済学も研究対象とし，剰余価値のアプローチから1933年にケインズに先立って有効需要の原理を発見したミハウ・カレツキ（Michal Kalecki；1899-1970）の影響を強く受けている。ケインズの『一般理論』発表後はケインズ理論の

---

[23] このなかから，多数のノーベル経済学賞受賞者を輩出した。

[24] 広島・長崎への原爆投下直後にスラッファは日本政府の国債に投資した利益を回収して，日本が長期間貧しい国にとどまらないであろうという彼の予想を立証した，というのはよく知られた話である。

動学化を研究し，アメリカのサミュエルソンやロバート・ソロー（Robert M. Solow；1924-）らと資本論争を繰り広げた。また，J. ロビンソンはカレツキをはじめとするマルクス経済学者のケインズ理論の解釈に評価を与えた一方で，アメリカで主流となったIS・LM分析や新古典派理論には懐疑的であった。アメリカで発展した「ケインジアン」[25]たちの理論が，政策上の利便性を求めて本来のケインズやサーカスの理論的前提条件[26]を安易に曲げてしまったことで，かえって現実世界における理論的妥当性を失ってしまったことを激しく非難した。J. ロビンソンは，彼らを「バスタード・ケインジアンズ」（偽ケインジアンども）と吐き捨てている。

（2）ケインズ案；バンコール

イギリス案はケインズが，アメリカ案は財務長官モーゲンソーを助けたホワイト（H. D. White）[27]が中心になって作成した。1943年60歳3月，戦後世界金融制度のためのアメリカ案がイギリスにとどき，ケインズは討議のためにアメリカに渡る。ここで，ケインズ案とホワイト案が衝突するのである。

ケインズ案は，一種の世界（中央）銀行の設立であった。国際経済の動きに応じて，一国で中央銀行が貨幣量を操作するように，世界的に必要とする資金の流動性を保証するための世界の中央銀行——ケインズが「清算同盟」と呼んだもの——をつくり，ケインズが「バンコール」と呼んだ国際支払通貨を，各国からのこの銀行への預金の形で創設するという案であった。

たとえば，国際収支関係においてアメリカの1億ポンドの黒字を，イギリスが赤字であるときには，相当額のバンコール預金をイギリスからアメリカに移すことにする。長期的には，世界貿易の増加につれてバンコール預金も増やし，その比を一定に保つ。ただし，も

---

[25] IS-LM分析を中心とする新古典派270経済学のグループ。
[26] 市場調整メカニズムが有効ではない世界を前提とした経済学。
[27] ホワイトはフランクリン・ルーズベルト政権のヘンリー・モーゲンソー財務長官のもとで財務次官補を勤めた。ソ連を救うために日本をアメリカとの戦争に追い込むためのハルノート（アメリカ国務長官ハルの覚書）の内容を強硬案に意図的に変えたことが知られている。

しも赤字国の赤字が，割当を受けたバンコールの一定比以上になると，その国は為替レートの切り下げ，一定額の金準備の引き渡し，海外投資規制等を受け，逆に黒字国の黒字の割合が一定比以上になると，逆に為替レートの切り上げ，国内拡大政策，海外援助などを求めるというものであった。

　ブレトンウッズ協定によって作られた国際通貨基金（IMF）はアメリカのホワイト案をもとにしたものであった。それはケインズ案と異なり，加盟国が基金に出資しなければならなかった（4分の1は金で，残りの4分の3は自国通貨で）。そして各国が必要に応じて引き出すことができる額は，この4分の1の部分を除いて，貸付にかなりの規制を受けた。さらにIMFの出資金は，バンコールのように自動的に増加するわけではなく，あくまでも為替相場安定のための機構であったにすぎなかった。

　これに対して，IMFの金額は，ケインズの案に比べて，あまりにも少額であった（ケインズ案は250億ドル，ホワイト案は50億ドル，IMFは88億ドル）（伊東［1962］解説）。

8. 今日の日本経済における失業問題

　次の図1.4は，総務省統計局労働力調査長期時系列データ（2017年）による日本の昭和28（1953）年から平成29（2017）年までの毎月の男女の完全失業者数の推移である。昭和28（1953）年から49（1974）年頃までの石油危機以前の日本経済において，失業者は50万人から100万人程度の推移であった。

　しかし，石油危機（1974–78年）以後，次第に失業者数は増加し，失われた10年とか20年と言われる平成10（1998）年以降においては，日本の失業者数は急激に増加して，250万人以上となっ

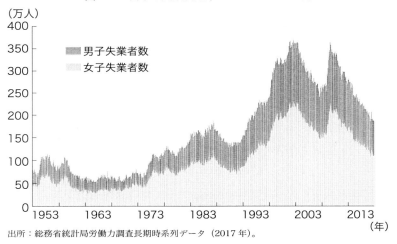

図1.4 日本の失業者数（1953〜2013年）

出所：総務省統計局労働力調査長期時系列データ（2017年）。

ている。平成11（1999）年以降から15（2003）年までには失業者数はさらに増加しており，350万人を超えている状態である。特にこの年代頃からは，女性の失業者数も急激に増加しており，この10年間（1998-2008）では，100万人以上の女性の完全失業者が存在するのである。

このように日本経済において失業者数が多くなったことが先進国として当然なのか，あるいはケインズの「有効需要の理論」に基づく，「有効需要の不足」の原因について考えなければならないであろう。

失業の原因はケインズの「有効需要の不足」である。そうであるならば，「有効需要の不足の原因は何なのか」が今日の日本経済における大量失業問題を解決するための経済学的課題なのである。そのためには，日本の社会問題や経済構造問題のみならず，世界経済システムとの関係でも考えるべきである。さらに，歴史的な問題につ

いても分析を進めることが必要なのである。

［参考文献］

伊東光晴［1962］「ケインズの思想と理論」宮崎義一・伊東光晴責任編集『世界の名著 57 ケインズ，ハロッド』中央公論社．

貝塚啓明［1991］『金融論（放送大学教材）』放送大学教育振興会, pp.90–91．

ケインズ，J. M. /塩野谷祐一訳［1983］『雇用・利子および貨幣の一般理論』東洋経済新報社（Keynes, J. M. [1936] *The General Theory of Employment, Interest and Money*, The Macmillan Press LTD.）

ケインズ全集　第 4 巻/中内恒夫訳［1978］『貨幣改革論』東洋経済新報社．

ケインズ全集　第 5 巻/小泉明・長沢惟恭訳［1979］『貨幣論 1　貨幣の純粋理論』東洋経済新報社．

ケインズ全集　第 6 巻/長沢惟恭訳［1980］『貨幣論 2　貨幣の応用理論』東洋経済新報社．

小島寛之監修，石田おさむ・細山敏之［2011］『マンガケインズ大不況は解決できる！』講談社．

林敏彦［1988］『大恐慌のアメリカ』岩波新書．

第2章 ケインズが「古典派」と呼んだ新古典派経済学

　ケインズ革命（Keynesian Revolution）以前の古典派経済学は，「市場原理」が機能する世界を説明していた。すなわち，価格調整メカニズムや数量調整メカニズム等の市場における自動調整メカニズムが労働市場においてさえも有効である世界である。それゆえに完全雇用状態は常に成立するという考え方の経済学であった。

　このような市場原理によって，市場の自動調整メカニズムが有効に機能すると想定する世界においては，各々の経済主体の合理的行動は常に市場の均衡状態において実現するという前提のもとで，経済全体の生産活動水準や雇用水準の決定が行われると想定していたのである。

1. 古典派経済学における雇用理論と雇用政策

　ケインズ（J. M. Keynes）の『一般理論』によると，古典派の雇用理論は，「古典派の第1公準」と「古典派の第2公準」の「2つの基準公準に基礎をおいていた。」（p.5）として，次のように説明した。

（1）古典派の第1公準；労働需要表

　『一般理論』の第2章，「古典派経済学の公準」における「古典派の第1公準」によると，(Ⅰ)賃金は労働の（価値）限界生産物に

等しい。この公準によって、雇用に対する需要表（労働需要関数）を導くのである。

「いいかえれば、1雇用者の賃金は、雇用者を1単位だけ減少させたときに失われる価値（この産出量の減少によって不要となる他の全ての費用を差し引いておく）に等しい。企業の労働需要表はこの「古典派の第一公準」によって与えられるのである。ただし、この均等は、競争と市場とが不完全な場合には、ある原理に従って攪乱されるであろう」と説明している。

いま、第i番目の企業が保有する生産設備が一定水準の規模K_iであると仮定する。また、この企業の生産量をy_i、雇用量をN_iとすると、この企業の生産関数は、次の（2.1）式のように表される。

$$y_i = F_i(N_i, K_i) \tag{2.1}$$

この企業の利潤をπ_i、生産物市場において決定されこの企業にとって所与の価格をP_i、労働市場において決定されこの企業にとって所与である賃金率をW、固定費をk_i、生産物1単位当たりの原材料費は生産量に比例すると仮定してその比率をm_iとして、原材料価格をQ_iとすると、この企業の利潤極大条件は、次の（2.2）式のように表される。

$$\pi_i = P_i y_i - W N_i - Q_i m_i y_i - k_i \tag{2.2}$$

$$\frac{d\pi_i}{dN_i^D} = (P_i - Q_i m_i) F_{iN}(N_i^D, K_i) - W = 0 \tag{2.3}$$

ここで、$m_i y_i$は雇用量Nの変化による生産量yの増減にともなって生ずる原材料費の変化分と使用者費用と呼ばれる資本の減耗分も考慮していると考える。

利潤極大化のための2階条件は、（2.3）式を雇用量で偏微分して負であることであるから、次の（2.4）式のように表される。

$$\frac{d^2\pi_i}{dN_i^{D2}} = (P_i - Q_i m_i) F_{iNN}(N_i^D, K_i) < 0 \tag{2.4}$$

ここで，企業利潤が正であるという条件より，$P_i - Q_i m_i > 0$ であるから，上の2階条件は労働の限界生産性逓減[1]によって満たされるのである。

すなわち，「古典派の第1公準」とは企業の短期利潤極大条件の1階条件（2.3）であり，次の（2.3′）式のように示される。

$$(P_i - Q_i m_i) F_{iN}(N_i^D, K_i) = W \tag{2.3′}$$

（2.3′）式の左辺は雇用量の増加によって追加される付加価値の増分に等しく，ケインズはこれを「労働の価値限界生産力」と呼んでいる。

いま，賃金財価格を P_W として，（2.3′）式の両辺を割れば，次の（2.5）式を得る。

$$\frac{P_i - Q_i m_i}{P_W} F_{iN}(N_i^D, K_i) = W \tag{2.5}$$

（2.5）式の左辺は実質賃金率である。ここで，賃金財価格 P_W とは，「貨幣賃金の効用がその財の価格に依存するような財のこと」（『一般理論』p.7）である。

労働需要関数の導出

いま，労働市場が完全競争であると仮定して，個別企業に対して生産要素価格がすべて所与であるとすれば，（2.5）式から，企業の労働需要表を，次の（2.6）式のように導出することができる。

$$N_i^D = N_i^D\left(\frac{W}{P_i}, \frac{P_W}{P_i}, \frac{Q_i m_i}{P_W}, K_i\right) \tag{2.6}$$

ここで，$\dfrac{W}{P_i}$，$\dfrac{P_W}{P_i}$，$\dfrac{Q_i m_i}{P_W}$，K_i は外生変数である。ここで，労働需

---

[1] 労働投入量の増加に従って労働の限界生産性が低くなること。

要表は実質賃金率の減少関数である。

ここで，$N^D = \sum N_i^D$ である。また，議論を簡単にするために国内総生産は賃金財よりなるものとして $P_W = P$ を仮定する。K は経済全体に存在する資本ストック量 $K = \sum K_i^D$ である。

いま，縦軸に実質賃金率 W を，横軸に労働需要量をとると，この企業の労働需要表は労働の価値限界生産力を反映して図2.1のように右下がりの曲線として描かれる。いま，実質賃金率が W_A で表されるときの労働需要量は N_A である。

以上の説明から，労働需要量 N^D は実質賃金率 w に関して減少関数となり，次の (2.7) 式のように表される。

$$N^D = N^D\left(\frac{W}{P_W},\ \frac{P}{P_W},\ \frac{Q_i\, m_i}{P_W},\ K^D\right),\ N^{D\prime}\left(\frac{W}{P_W}\right) < 0 \quad (2.7)$$

また，図2.1の N^D 線のような右下がりの曲線として考えること

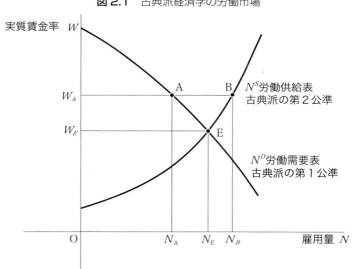

図2.1　古典派経済学の労働市場

ができるのである。これが「古典派の第1公準」から導出される労働需要曲線 N^D である。

(2) 古典派の第2公準；労働供給表

『一般理論』の第2章「古典派経済学の公準」によると「古典派の第2公準」は次のように定義される。

（Ⅱ）一定の労働量が雇用されている場合，賃金の効用はその雇用量の限界不効用（marginal disutility）に等しい。これは雇用に対する供給表（労働供給関数）を導くのである。

「いいかえれば，1雇用者の実質賃金は，現実に雇用されている労働量を提供させるのに（雇用者たち自身の評価において）ちょうど十分なものである。ここで，不効用というのは，個人あるいはその集団が，彼らにとってある最低限より低い効用しかもたらさない賃金を受け入れるよりは，むしろ彼らの労働を差し控えた方が良いとみなすあらゆる種類の理由を含むものと理解されなければならない」としている。

労働者にとって労働は苦痛であり不効用をもたらすものである。古典派の第2公準とは，追加的な労働がもたらす限界苦痛を補償する以上の賃金支払水準に対して労働量が供給されるという説明である。ここで，労働の苦痛が労働供給量の増加とともに増大するということを前提とすると，より多くの労働供給を引き出すためには，より高い賃金水準が必要となり，労働供給曲線が賃金率に対して増加関数であるということが説明されるのである。また，縦軸に実質賃金率 W を，横軸に労働供給量をとると，右上がりの労働供給曲線 N^S が導出されることが説明されるのである[2]。

---

[2] しかし，労働用役を提供する家計にとっては労働用役の供給量の増加は労働それ自体からもたらされる苦痛の増大というだけではなく，自分自身のために費やすべき利用可能な時間を減少させることによって失う費用（機会費用）が増大するのであるという考え方が今日の経済学にはある。

労働供給関数の導出

　経済全体での労働供給関数は各家計の労働供給関数を経済全体で集計した関数として，次の（2.8）式のように導出することができる。

$$N^S = N^S\left(\frac{W}{P_W}\right), \quad N^{S\prime}\left(\frac{W}{P_W}\right) > 0 \tag{2.8}$$

　ここで，$N^S = \sum N_i^S$ であり，また，議論を簡単にするために国内総生産は賃金財よりなるものとして $P_W = P$ を仮定している。

　ここで，縦軸に実質賃金率 W を，横軸に労働供給量をとると，経済全体の労働供給表は労働の負の限界効用を反映して図 2.1 のように右上がりの曲線として描かれる。これが「古典派の第 2 公準」から導出される労働供給曲線 N^S である。いま，実質賃金率が W_A で表されるときの労働供給量は N_B である。

（3）古典派経済学の失業の概念

　ケインズはこの古典派の雇用理論は「摩擦的失業」(frictional unemployment) とも「自発的失業」(voluntary unemployment) とも両立する概念であると説明している。ここで，「摩擦的失業」とは，「誤算や断続的需要の結果，特殊化された資源の相対的数量の間に均衡が一時的に失われることによる失業とか，不測の変化にともなうときの遅れによる失業とか，1 つの雇用から他の雇用への転換が直ちに行われず，したがって非静態的な社会においては常にある割合の資源が「仕事と仕事との間で」利用されないでいるという事実による失業などである。また，「自発的失業」とは 1 単位の労働が法律とか，社会的慣行とか，団体交渉のための団結とか変化に対する反応の遅れとか単なる人間の頑固さとかの結果として，その労働の限界生産力に帰せられる生産物の価値に相応した報酬を受け入れることを拒否したり，あるいは受け入

れることができないために生ずる失業である」(『一般理論』pp.15–16)。

しかし，後にケインズが提議する有効需要の不足によって発生する「非自発的失業」(involuntary unemployment) という概念は古典派経済学においては，その理解は認められないと説明している。

古典派経済学における失業状態

もし経済全体に失業が存在する状態にあるならば，失業している労働者からの競争圧力によって賃金率が低下するはずであるから，図2.1によると賃金率の低下によって労働需要を増加させる。労働市場においては需給均衡状態が点Eとなり貨幣賃金率がW_Eの値で自動的に成立するというのが古典派経済学の考え方である。

古典派経済学の範疇において，現実の経済では，このような価格調整メカニズムが機能しないならば，それは失業の存在にもかかわらず貨幣賃金率が伸縮的に変化しないことが原因であり，失業が存在する原因は，賃金率の下方硬直性 (downward rigidity of wages) (図2.1のW_A) に帰せられるべきものであると考えられていた。

このとき現行貨幣賃金率がW_AであるときABの幅が失業の大きさを表していることになるのである[3]。

(4) 古典派経済学における労働市場の均衡条件

古典派経済学は市場原理による調整システムが理想的な資本主義経済を導くという考え方である。この考え方に基づくと労働市場は企業の利潤極大条件を満たす労働需要関数と家計の効用極大化行動の条件を満たす労働供給関数が労働市場において実質賃金率の調整を通して，市場均衡をもたらすと説明するのである。

【労働市場の均衡条件】$N^S = N^D$ (2.9)

---

[3] 完全雇用水準がN_Eであるにもかかわらず，$N_A N_B$の幅が失業となるのは矛盾である。

【労働供給関数】　　$N^S = N^S\left(\dfrac{W}{P_W}\right),\ \ N^{S\prime}\left(\dfrac{W}{P_W}\right) > 0$　　(2.8)

【労働需要関数】　　$N^D = N^D\left(\dfrac{W}{P_W},\ \dfrac{P}{P_W},\ K^D\right),\ N^{D\prime}\left(\dfrac{W}{P_W}\right) < 0$

(2.7)

すなわち，図 2.1 において，労働需要曲線と労働供給曲線の交点において市場均衡が達成され，均衡雇用量 N_E と均衡実質賃金率 W_E が決定されるのである。

このようにして労働市場において市場均衡が達成されるとき，古典派経済学の世界においては現行貨幣賃金率のもとで働く意思があるものはすべて雇用されているという意味で点 E において決定される雇用量は完全雇用量である。古典派経済学によると，この完全雇用量は貨幣賃金率や他の財・サービスの価格の伸縮性によって自動的に達成されるものである。

もしいま，このようにして決定される均衡雇用量以上の労働者が労働市場にとどまって雇用の機会を待っているとするならば，それは現行の実質賃金率においては働く意思がないのであり，このような意味では「自発的失業」と定義されるのである。

このような古典派経済学における労働市場の説明を受け入れるならば，たとえば図 2.1 において AB で表されるような「失業」が発生する原因は，現行の貨幣賃金率が均衡賃金率よりも高過ぎるからであり，やがて市場の価格調整メカニズムによって貨幣賃金率は低下して完全雇用は達成されるのである。もしも，このような調整過程が生じないならば，それは貨幣賃金率が下方に対して硬直的であるからであるということになるのである。

このことは「ケインズ革命」以前の経済学者たちが——すなわち，ケインズによって古典派経済学者と呼ばれた人々が——経済恐慌当

時の現実の経済問題としての失業の問題を「自発的失業」のみの存在を前提として考えていたからであり，実際に彼らの眼前で生起している経済問題に対してまったく無能であったということを意味しているわけではない。

ピグーの雇用対策理論

　この古典派経済学の雇用理論から導出される雇用対策のためには，ピグー（A. C. Pigou）の『失業の理論』(The Theory of Unemployment) において4つの政策を挙げている。

①「摩擦的失業」を減少させるように，組織または予測を改善する。

②「自発的失業」を減少させるように，労働の限界不効用——追加的労働を引き出すために必要な実質賃金によって表される——を引き下げる。

③賃金財産業（貨幣賃金の効用がその財の価格に依存するような財のこと）における労働の物的限界生産力を増大させる。または，

④非賃金所得者の支出を賃金財から非賃金財へ移行させることによって，非賃金財の価格を賃金財の価格に比して上昇させる。

　以上，4つの政策を実施することがピグーの雇用拡大政策であった。

2. 古典派経済学の「貸付資金説」

　古典派経済学においては，貯蓄と投資の大きさは「貸付資金説」によって決定される。個々の経済主体の均衡条件が実現されるように完全雇用所得に対応した意図された貯蓄の大きさが市場利子率との関係で導出される。また，同様に企業者行動の理論として，意図

した投資の大きさが市場利子率との関係で導出される。資金市場においては，市場利子率の調整機能を通じて資金市場において投資額が決定される。このとき，投資と消費の合計額である総需要額は，完全雇用における総産出額に常に一致するという「セイ法則」が前提とされているのである。

この「セイ法則」が成立する世界では，貯蓄 S と投資 I の大きさを均等化させる「自然」利子率（r_N）が市場において実際に成立しさえすれば，経済の需要総額は貯蓄率の高低に対応して投資と消費の割合を変更するだけであって総額においての過不足が生ずることは起こり得ないのである。

図2.2 において点 E_M は，古典派経済学の「貸付資金説」における投資（I；資金需要）と貯蓄（S；資金供給）の交点を説明しており，資金市場の均衡点であり，市場利子率は自然利子率 r_N で決定されていると考えられるのである。

古典派経済学においては，貯蓄と投資のメカニズムそれ自体に景気変動やインフレーションの原因が内在しているのではなく，むしろ貨幣制度の欠陥や金融政策の不手際により市場の価格調整メカニズムが疎外されると考えられていたのである。すなわち，現実の貸付資金市場においては，銀行組織の信用創造によって自然利子率とは異なった市場利子率が成立させられることになるのである。

いま，$π$ をインフレ率とすると市場利子率（r_M）が自然利子率（r_N）を超えれば（$r_M > r_N$），$π = r_M - r_N$ の関係から，インフレーションが発生し，市場利子率（r_M）が自然利子率（r_N）を下回れば（$r_M < r_N$）同様の関係からデフレーションが発生することになるのである。このような古典派経済学において経済不安定の原因は，貨幣の「中立性」（neutrality）を攪乱する金融当局の過誤に帰せられるべきものであると考えられていたのである。

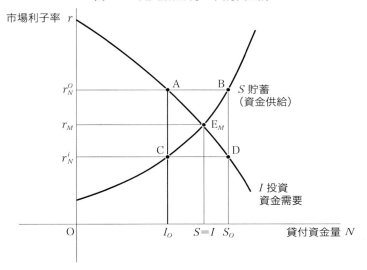

図 2.2 古典派経済学の貸付資金説

　以上の説明から，古典派経済学の政策的含蓄は，①労働市場における伸縮的賃金制度であり，②金融市場においては「中立的」貨幣政策であることが理解される。そのためには，労働組合やその他の独占と銀行が価格調整メカニズムの働きを疎外することを避けることができればケインズ的な有効需要政策は不必要であるということができるのである。

古典派経済学的なタイム・シェアリング

　今日の日本経済における大量失業の時代に「タイム・シェアリング」による完全雇用政策を提唱する人の頭のなかにあると想像される無意識の経済理論は「有効需要の不足」を解決しないままで，賃金率の低下による雇用調整を提唱する古典派経済学的な経済政策論であり，ケインズ革命以前の古典派経済学と同様の理論であるとい

うことができるであろう。

今日の日本経済に提案されるべきマクロ経済政策は，日本経済における失業の原因が有効需要の不足によって発生しているケインズ的な非自発的失業の場合は有効需要拡大政策が必要であり，失業の原因が摩擦的失業である場合には産業構造政策を採用するべきなのである。

3. 市場原理は社会的余剰最大化モデル

古典派経済学において，それぞれの産業における市場均衡状態は，家計にとっては効用極大化行動の結果として実現され，企業にとっては利潤極大化行動の結果として実現されるために，社会的余剰（＝効用水準＋利潤水準）の最大化が達成される点として説明される。すなわち，市場均衡状態は，厚生水準最大化が実現できる点であるということが説明されるのである。すなわち，市場均衡状態は厚生経済学的には資本主義経済の理想状態であると説明されるので

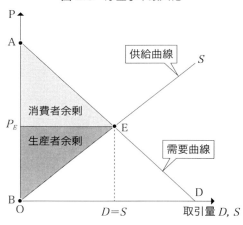

図2.3　厚生水準最大化

ある。

　このことは，次のようにして説明される。いま，図2.3において，需要曲線よりも下の部分で，均衡市場価格P_Eよりも上の部分は，消費者にとって支払わずに済んだ需要の部分であり，消費者余剰を表している。

　同様に，供給曲線よりも上の部分で均衡市場価格P_Eよりも下の部分は，企業の固定費用を除いた利潤の部分であり，生産者余剰を表している。

　この消費者余剰と生産者余剰の合計は社会的余剰と呼ばれる部分であり，社会的余剰＝厚生水準を表している。

(1) 市場均衡状態よりも少ない取引量の場合の社会の厚生水準

　いま，図2.4のように取引量がCD線で表される量である場合に

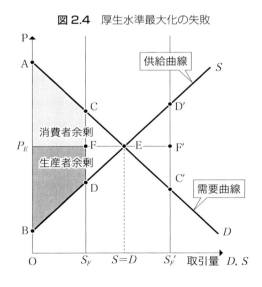

図2.4　厚生水準最大化の失敗

ついて考える。均衡市場価格が図2.3と同様にP_Eであったと仮定すると，消費者余剰は四角形AP_EFCであり，市場均衡状態よりも三角形$EF'C'$だけ少ないのである。また，生産者余剰はBP_EFDであるため，市場均衡状態よりも三角形EDFの分だけ少ないのである。社会的余剰は三角形CDEの分だけ市場均衡状態での取引（三角形ABE）よりも少なくなっているのである。

(2) 市場均衡状態よりも多い取引量の場合の社会の厚生水準

市場での取引状態が市場均衡点を超えた場合においても説明することができる。この場合には，「過ぎたるはなお及ばざるがごとし」という状態として説明されるのである。

いま，図2.4の$S_F'C'D'$線のように取引量が市場均衡取引量を超えた状態である場合について考える。均衡市場価格が図2.3と同様にP_Eであったと仮定すると，消費者余剰は三角形AP_EEよりも三角形$EC'F'$の分だけ少なくなり，生産者余剰は三角形BP_EEよりも三角形$EF'D'$の分だけ少なくなるため，社会的余剰は三角形$C'D'E$の分だけ市場均衡状態での取引（三角形ABE）よりも少なくなるのである。

以上の2つの説明から，厚生水準は市場が均衡状態にあるときが最大化の状態であることを説明しているのである。

4. ケインズ経済学と新古典派経済学

新古典派経済学の短期均衡概念は，取引以前の不均衡状態と取引時点での均衡状態について「ヒックスの週の概念」によって説明される[4]。

---

[4] 短期均衡概念とは生産要素市場や生産物市場における市場均衡のみならず家計や企業などの個々の経済主体の主体的均衡が成立しているということを意味している。

(1) ヒックスの短期均衡概念

　ヒックス（J. R. Hicks）は経済分析の方法として「静学分析」と「動学分析」とに分けて説明している。「静態」という概念についてヒックスは著書『価値と資本』（1939 年）において，次のように定義している。すなわち「静態とは思考・技術・および資源が時間を通じて不変のままであるような，動学的体系の特殊な場合である」（p.164）。この分析方法においては，われわれが無理なく仮定しうるのは，かかる不変の諸条件を経験すれば，企業者がそれの永続を予想するに至るだろうということ，したがって価格予想と現在価格の両者がまったく同一であるために，これを区別する必要がない状態であるということである。

　企業者行動の理論においてこの静態概念をヒックスは，次のように説明している。「諸生産要素が実際に用いられるのはただ将来の産出量を生む工程においてであり，また諸要素を使用する刺激となるのは，将来の売れ行きの予想である。しかしそれにもかかわらず，静態では現在用いられる諸要素はまさしく現在の産出量を生産するかのようにみえる。というのは中間生産物（一般に固定資本と経営資本）の存在量を生産の結果減少させないという条件のもとでは，それら（現在用いられている諸要素）が現在の産出量の生産を可能にするからである。」（『価値と資本』p.165）[5]

　この静態的状態とは「他の事情にして等しき限り」（ceteris paribus），経済はこのような状態からは離れないだろうということを説明している。すなわち，昨日と今日，そして明日は同じ経済状態が繰り返されると，それぞれの経済主体が想定して日常の経済活動を行っている状態（$X^{t-1} = X^t = X^{t+1}$）であり，それゆえにその状態が静態的状態として成立するという状態であるということができる。しかし，それは経済がどのような常態から出発してもやがて

---

[5] ヒックスはこの概念の説明のために，ピグーの有名例証を次のように説明している。「中間生産物の存在量は現在のサービスの投入量によって水を送られ，現在の生産物の産出によって排水される１つの湖である。水は一般にある時間の長さだけその湖の中に留まるけれども，しかもなお，もし湖の全水量を不変に保つべしとの条件が課されるならば，経常的な投入量と経常的な産出量との間には直接の関係がある。資本が一定の大きさに維持されるという「静態的」仮定を設定する限り技術的生産関数は経常的な投入量と経常的な産出量との間の関係として表される」（Hicks [1939]）。

は，このような静態状態に向かうということを意味しているわけでも保証しているわけでもないのである。

(2) ヒックスの週の概念

ヒックスは市場の短期均衡状態を説明する概念として静学的状態を「週の概念」として，すなわち価格の変化を無視しうる最小の期間として定義するのである。ここで市場価格は短い間隔をおいて変化するものと想定している。

1つの週を通して価格が変化しないという仮定を満たすために，週のうちただ1日の月曜日だけ市場が開かれて市場交換のための契約を結ぶことができるとする。新しい契約は次の月曜日まで結ぶことができないとするのである。このことによって，この価格体系がこの週の資源配分のあり方を支配することになるのである。この週の期間はマーシャルの意味での一時的均衡に対応するものであり，「市場の完全性」を前提として議論を進めることができるとヒックスは考えている。

「平衡を扱う熱力学は時間的な変化を記述できない」という結論が得られている[6]。非平衡系の熱力学的変化によってのみ時間的経過を記述することができるのである[7]。

すべての社会現象は有限の時間とともに起こる。しかも，それは経済学者が想定してきた均衡（平衡）状態からは外れて作動するのである。1つの系は平衡状態に接近しようとするだけであり，実際には決して到達しないのである。したがって経済学が長年あこがれてきた熱力学的な平衡状態にのみ注目したのは皮肉なものであるということができる。

ケインズの「有効需要の理論」によって構築された現代マクロ経済学を説明するための基本的なモデルとして新古典派経済学体系と

---

[6] ホール/宮崎訳［1994］，p.317。

[7] 散逸構造などが，揺らぎを通して自己組織化すること。すなわち，一定のエネルギーが働くときだけ機能するシステム。

して「IS・LM モデル」が一般的なマクロ経済を分析するモデルとして受け入れられている。しかし，この新古典派的マクロ経済モデルによる均衡国民所得と均衡利子率決定の説明は，ヒックスの「週の概念」に基づいた分析方法であり，ケインズの有効需要理論とそれに基づく有効需要政策の経済的効果を説明する現実的時間方法とは異質のモノであるということができるであろう。

[参考文献]

ケインズ，J. M. / 塩野谷祐一訳［1983］『雇用・利子および貨幣の一般理論』東洋経済新報社（Keynes, J. M.［1936］*The General Theory of Employment, Interest and Money*, The Macmillan Press LTD.）

ピグー，A. C. / 気賀健三ほか訳［1953-1955］『ピグウ厚生経済学』（全4巻），東洋経済新報社（Pigou, A. C.［1920］*The Economics of Welfare*, Macmillan.）

ヒックス，J. R. / 安田琢磨・熊谷尚夫訳［1951］『価値と資本』岩波書店，p.165（Hicks, J. R.［1939］*Value and Capital*, Oxford University Press.）

ホール，ニーナ / 宮崎忠訳［1994］『カオスの素顔』（ブルーバックス）講談社，p.317.

第3章 ケインズの有効需要の原理

1. ケインズの有効需要の原理

　ケインズは『一般理論』の第3章「有効需要」（Effect Demand）において，経済全体の雇用量は「総需要関数と総供給関数とが交叉する点において決定される」と説明した。「なぜならば，この点において企業者の期待する利潤が最大になるからである」。
　この「総需要関数」（Aggregate Demand Function）と「総供給関数」（Aggregate Supply Function）とが交叉する点における「総需要の値」をケインズは「有効需要」と呼ぶのである。ここで，「総需要関数」と「総供給関数」とはそれぞれ，次のように説明される。

（1）総需要関数

　総需要関数は就業構造と市場条件を所与として次のように定義される。いま，企業家がN人の雇用から受け取ることができると期待する総売上金額をDとすれば，総売上金額と雇用量との間には次の（3.1）式のような関係を想定することができる。

$$D = f(N) \tag{3.1}$$

　ここで，Dは賃金財価格Wで測った総売上金額であり，雇用量Nとの間には次の（3.2）式のような関係が想定されている。

$$\frac{dD}{dN} = f'(N) > 0, \quad \frac{d^2D}{dN^2} = f''(N) < 0 \tag{3.2}$$

総売上金額は，消費需要期待額を D_1，投資需要期待額を D_2 との2つの項目に分けて，次の（3.3）式のように考えることができる。

$$D = D_1 + D_2 \tag{3.3}$$

ここで，投資需要 D_2 は，後の「投資関数の章」（『一般理論』第Ⅱ部第4章）で説明する投資の限界効率表と利子率との関係に依存する企業家の投資誘因によって決定される。

企業家が社会の所得のなかから消費に支出されると期待する額は，社会の「消費性向」と呼ばれる社会の心理的特徴に依存する。また，経済全体における雇用量 N の増加は社会の所得の増加になるはずであるから，企業の生産物の販売期待額のなかの消費需要期待額 D_1 は雇用量 N の増加関数となると想定することができる。すなわち，χ を消費性向に依存する関数とすると，次の（3.4）式によって表される。

$$D_1 = \chi(N), \quad \chi'(N) > 0 \tag{3.4}$$

この「消費性向」は，主に所得額と他の客観的な付随的諸条件に依存するとケインズは想定する。もちろん，社会を構成する個々の人々の主観的な必要，心理的な性向，習慣，所得分配の原理などの主観的な要因にも依存すると考えられるが，この主観的な要因を所与とみなして，消費性向は客観的な要因の変化にのみ依存すると想定するのである。このような「社会的心理法則」（客観的・主観的要因）は，『一般理論』の「第三編，消費性向」において説明されている。ここで所得の増加分に対する消費の増加分を限界消費性向と定義する。この限界消費性向は所得の増大とともに低下すると想定される。

所得が増大するときに消費水準は所得と同じだけは増大しないた

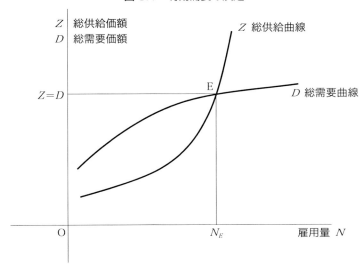

図3.1 有効需要の決定

めに，限界消費性向は1よりも小であると考えられる。このために縦軸に総需要価額をとり，横軸に雇用量をとると，総需要関数は**図3.1**のD曲線（総需要価額）のように右上がりの傾きがだんだんと緩やかになる曲線としてとして描かれているのである。

ここで，「総需要関数」とは企業家にとって過去の生産活動・販売活動から得られた経験や種々の情報・知識によって習得された経験を関数として表したものであり，また，現在もなおその経験を積み重ねていく過程なのである。それゆえにこの関数の形状を決定するのもやはり企業家たちなのである。

（2）総供給関数

それぞれの企業が保有している資本設備や資源，そして，生産技術やそれによって決定される費用条件などの，その企業が直面して

いる市場や産業の状態などが一定不変のもとでは，各企業の利潤極大条件を満たす関数として，総供給価額 Z と雇用量 N との間には，次の (3.5) 式のような関係を想定することができる。

$$Z = \phi(N) \tag{3.5}$$

ここで，Z は経済全体で N 人を雇用することから生ずる産出物の総供給価額である。

労働の限界生産力が正であることから雇用量の増加とともに産出物の価値額 Z は増加する。しかし，雇用量の増加とともに生産物の価値の増加の仕方はだんだんと小さくなるであろう。これは，労働の限界生産性逓減を仮定しているからである。

以上の関係から，雇用量 N と生産物 Z との間に，次の (3.6) 式のような関係を想定することができる。

$$\frac{dZ}{dN} = \phi'(N) > 0, \quad \frac{d^2Z}{dN^2} = \phi''(N) > 0 \tag{3.6}$$

このような雇用量と総供給価額との間の関係を示す関数をケインズは総供給関数と呼ぶのである。

(3) 宇沢弘文教授の総供給曲線導出

図 3.1 のように縦軸に総供給価額をとり，横軸に雇用量をとると，この総供給関数は右上がりの下方に凸型の逓増的な曲線として描かれる。

宇沢弘文 (1928-2014) 教授によると，この総供給関数 (Z 関数) は図 3.2 の第 4 象限のように資本設備が一定のときの労働生産性曲線から図 3.2 の第 1 象限の Z 曲線 (総供給曲線) のように導出することができる[1]。

すなわち，次の (3.7) 式のような関係が説明される。

---

[1] これは，宇沢 [2008]，pp.110-111 によって説明された総供給関数導出について説明する方法の1つである。ここでは，暗黙に，資本の稼働率が一定であると仮定されている。しかし，ケインズの世界において不況の状態が前提であり，資本設備は常に過剰な状態であることが知られているのである。すなわち，資本の稼働率 α は 1 よりも小であることが前提として議論されなければならないのである。このとき α は一定の値を維持するとは限らないのである。

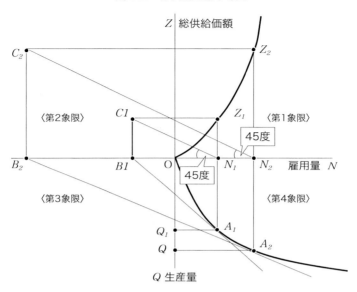

図 3.2 総供給曲線の導出

$$Z = \frac{PQ}{W} = \frac{Q}{W/P} = \frac{NA}{NA/BN} = BN \qquad (3.7)$$

ここで，生産額 Z は賃金財 W で測った生産物の価値（総供給額）である。

図 3.2 は横軸右側に雇用量をとり，縦軸下側に経済全体の実質生産量をとって，第 4 象限に経済全体労働生産性曲線（ケインズ的には必要労働曲線と定義すべきであろう）を描いている。生産量が Q_1 のとき，雇用量が N_1 必要であり，生産量が Q_2 のとき雇用量は N_2 が必要であることを表している。

B_1N_1 は雇用量が N_1 のときの総供給価額 Z_1 を表しており，B_2N_2 は雇用量が N_2 のときの総供給価額 Z_2 を表している。C_1N_1 線と C_2N_2 線は総供給価額を第 1 象限に移すための 45 度線である（図の簡単

化のために視覚的には正確な45度線ではないが，横軸右方向の Z の長さを縦軸上方向 Z の長さに縮小して描いている）。このようにして第1象限にケインズの総供給関数（総供給曲線）が逓増的に描かれることが説明されるのである。

①宇沢弘文教授の Z 曲線の問題点

　宇沢弘文教授の Z 曲線の導出には，マクロ生産関数の存在が前提であり，資本の稼働率が100％である，あるいは稼働率が一定であるという前提が暗黙に存在していることに問題がある[2]。

　ケインズは，有効需要は，「総需要関数と総供給関数とが交叉する点において決定される」と説明している。

　「なぜならば，この点において企業家の期待する利潤が最大になるからである」と説明した。しかし，これは資本の稼働率が常に一定所与であるとか，あるいは100％であるという前提で議論されていることにはならないのである。不況の経済学と呼ばれるケインズ経済学の世界においては資本の稼働率が100％であることは資本家の利益と費用の概念からも困難であり，それぞれの経済状況に即して資本の稼働率が変化し，総供給曲線は変化することが必要であるからである。

　前に，ケインズは，「総需要関数」と「総供給関数」とが交叉する点における<u>「総需要の値」を「有効需要」</u>と呼ぶと説明した。

　すなわち，有効需要の値は一意的に計算されているが，供給額の値については，一意的には計算されないことが前提とされているのである。企業家は経済環境の変化によって総供給曲線の位置は変化するために，一意的な関数ではない総供給関数に代わって総需要の値によって有効需要の値を提議しているのである。

　以上からの結論として，総供給曲線は企業家の許容範囲のなかで

---

[2] ケインズはマクロ生産関数の存在は前提としていないのである。

無数に存在し，経済環境の変化に対応して変化することが説明されなければならないのである。

②無数の供給関数の存在証明

ここでは，宇沢弘文教授の前提に従ってマクロ生産関数の存在を前提として議論を進める。資本の稼働率 α を一定とすると，それぞれの資本稼働率 α に対応して（3.8）式のように総供給関数が一本導出される。

$$Z = \frac{PQ}{W} = \frac{P}{W} F(N, \alpha K) \qquad (3.8)$$

いま，図 3.3 において，$A_1 A_2 A_3$ で表される Z 曲線（総供給曲線）は資本の稼働率が $\alpha_A = 95\%$ であるときの雇用量が $N_1 N_2 N_3$ に対応する総供給関数であるとする。また，$B_1 B_2 B_3$ で表される Z 曲線は資本の稼働率が $\alpha_B = 90\%$ であるときの雇用量が $N_1 N_2 N_3$ に対応す

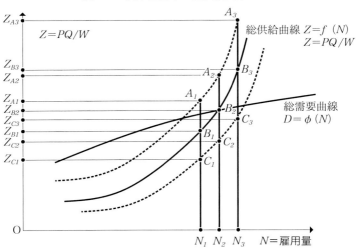

図 3.3　資本稼働率と総供給曲線

る総供給関数であるとする。同様に，$C_1C_2C_3$ で表される Z 曲線は，資本の稼働率が $\alpha_C = 85\%$ であるときの雇用量が $N_1N_2N_3$ に対応する総供給関数であるとする。

③等産出量曲線との関係

図 3.4 の資本稼働率が異なった（95 %，90 %，85 %）もとで，それぞれの稼働率に対応する Z 曲線と等産出量曲線との関係は，次の図 3.4 の等産出量曲線群として表される。

それぞれの点 A_i，B_i，C_i（$i = 1, 2, 3$）はそれぞれ，**図 3.3** と**図 3.4** で対応している。

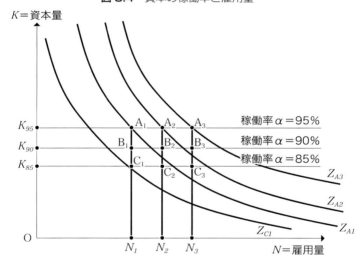

図 3.4　資本の稼働率と雇用量

2. 有効需要の決定と安定性

「有効需要」の大きさは，以上で説明した「総需要関数」（D 曲線）と「総供給関数」（Z 曲線）との交叉 E における「総需要量の大きさ」として定義される点において決定される。すなわち，この 2 つの曲線の交点 E において経済全体の活動水準（それゆえに国民所得・雇用量）が決定されるというのが，ケインズの「有効需要の原理」である。

経済全体での企業家の均衡点は総供給価額 Z と総需要価額 D が等しくなる点であり，この点をもたらすような雇用量 N が「有効需要の原理」によって決定される均衡雇用量 N_E である。

以上の関係を整理すると，次のように表すことができる。

【企業家均衡の条件】　$Z = D$ 　　　　　　　　　　　　　(3.9)

【費用期待；供給関数】$Z = \phi(N)$, $\phi'(N) > 0$, $\phi''(N) > 0$
　　　　　　　　　　　　　　　　　　　　　　　　　　　(3.10)

【需要期待；需要関数】$D = f(N)$, $f'(N) > 0$, $f''(N) < 0$
　　　　　　　　　　　　　　　　　　　　　　　　　　　(3.11)

ここで，(3.10) 式と (3.11) 式を (3.9) 式に代入して，均衡雇用量 N_K を求めると，次の (3.12) 式のように導出される。

$$\phi(N_K) = f(N_K) \qquad (3.12)$$

この均衡雇用量 N_K が所与の消費性向と投資誘因のもとで決定された有効需要の大きさによって実現される均衡雇用量である。

有効需要点の安定性

このようにして，決定される「有効需要」と雇用量の値は安定的であることは企業家の市場に対する予想によって，次のように説明

される[3]。

図3.1において，いま企業家が雇用量N_Eよりもを増加させようとするとき消費価額も増加する。しかし，限界消費性向が1よりも小であるから，消費価額の増加は総供給価額の増加ほどには大きくない。このギャップを埋めるためには投資需要の増加が必要である。しかし，投資誘因が一定所与である状態においては，そのような作用は働かないために超過供給の状態が発生して，再び雇用量の減少が必要となることを企業家は認識しているために，企業家はこのような雇用量の増加を選択しないのである。

また，逆に企業家が雇用量をN_Kよりも減少させようとするとき，消費価額も減少するであろう。しかし，限界消費性向が1よりも小であるから，消費水準の減少は総供給価額の減少よりも少ないために超過需要の状態になるから投資の減少が必要である。しかし投資需要が一定所与の状態では，超過需要の解消のために再び雇用の増加が必要となることを理解している企業家は雇用量の減少を選択しないのである。

3. 総需要関数の性質について

ケインズは，『一般理論』において，Z曲線・D曲線分析について，次のように述べている。

「われわれの分析の究極的目的は，雇用量を決定するものは何かを発見することである。これまでのところ，雇用量は総供給関数と総需要関数との交点において決定されるという予備的な結論を確立した。しかし，総供給関数は，供給の物的な諸条件に依存するものであり，すでに周知のことになっていないような問題をほとんど含んでいない。その形式は親しみの無いものであるかもしれない，し

---

[3] この「有効需要点の安定性」の証明は，新古典派経済学派が後に証明する意図した投資と意図しない投資の概念を使用して議論する「在庫調整モデル」による生産物市場の均衡条件とその安定条件を説明する必要がないのである。なぜならば，ケインズは生産物市場の均衡条件を本来議論していないのである。

かし，もしその基礎となっている諸要因は決して新しいものではない。」(『一般理論』p.89；下線は引用者)。

そして，総供給関数については，「第二十章に戻ることにするが，そこでは，総供給関数の逆関数が雇用関数の名のもとで論じられる。しかし，これまで見過ごされてきたのは主として総需要関数の演ずる役割であって，第三編と第四編で論じようと思うのは総需要関数についてである。」(『一般理論』p.89；下線は引用者) としている。

この説明に従って，本章では，総需要関数についてケインズの理解を説明する。

(1) 消費性向：I.客観的な要因

「総需要関数は，任意の雇用水準を，その雇用水準から実現されると期待される「売上金額」と関係づけるものである。この「売上金額」は，二つの数量の合計で構成される。──一つは，雇用水準が一定であるとき消費のために支出される総額，および投資に向けられる総額です。この二つの数量を左右する要因は，著しく異なっている。本編においては，前者，すなわち，雇用が一定水準にあるとき，いかなる要因が消費のために支出される総額を決定するかを考察し，第四編においては，投資に向けられる総額を決定する諸要因を取り扱うことにする。」(『一般理論』p.89；下線は引用者)。

以上の議論から，ケインズは消費額 C と雇用数量 N との関係を導出しなければならないと説明するが，しかし，「賃金単位表示の消費額 C_W を雇用水準 N に対応する賃金単位表示の所得 Y_W に関係づける関数によって議論する方が一層便利である」(『一般理論』p.89) とする。

ケインズは，「一定の総雇用量 N を二つの雇用部門に二つの異

なった仕方で配分した場合には，個々の雇用関数が異なった形態を持つために Y_W の異なった値が存在する k である」ことを認めつつも，一般的には，Y_W を N によって一意的に決定されるとみなすことは適切な近似法であるとする。

したがって，「消費性向というものを，賃金単位表示の任意の Y_W とその所得水準からの消費支出分 C_W との間の関数関係 χ として規定する」ことにすると，消費関数は次の（3.13）式のように表される。

$$C_W = \chi(Y_W) \quad \text{または} \quad C = W_\chi(Y_W) \qquad (3.13)$$

社会が消費のために支出する額は，明らかに以下の3点に左右される。「(i) 一部分は，その所得額に，(ii) 一部分は，他の客観的な付随的諸条件に，(iii) 一部分は，社会を構成する個々人の主観的な必要，心理的な性向，習慣，および所得が個々人の間に分配される仕方を支配する原理に依存する」（『一般理論』p.89）のである。

賃金単位の意味

賃金単位 W とは，1人当たりの平均賃金（たとえば年収）で，消費総額を割った値である。いま，日本の総所得（GDP；国内総生産）が500兆円で，1家族当たりの年収が500万円とすると，日本のGDPの賃金単位の価値は1億単位となる。すなわち，いまの日本においては，1億家族が生活することができるGDPであるということになるのである。しかし，消費額が300兆円ならば，6,000万家族（＝300億円÷500万円）が平均的な生活を行うことが可能であり，その生活を維持するために，日常的に毎年，たとえば，100兆円の民間の投資資金と100兆円の政府支出が必要であるということ説明しているのである。

(2) 支出の諸動機について

ケインズは，支出への諸動機について<u>主観的な要因と客観的な要因</u>とに分けて考えることは考え方を整理するのに有益であるとして分析を行っている[4]。

主観的要因には，「人間本性の心理的特徴と社会的慣行および制度とが含まれるが，これらは変化しないものではないけれども，異常あるいは革命的な事態を除けば，短期的には大きく変化を蒙る可能性は少ない。歴史的研究をする場合とか，1つの社会組織を他の異なった類型のものと比較する場合には，主観的な要因が消費性向に影響を及ぼす仕方を考慮に入れることが重要である。しかし，一般に，以下においては，主観的要因を所与とみなし，消費性向は客観的要因の変化にのみ依存すると想定しよう」(『一般理論』p.91) と説明している。

①消費性向についての客観的要因

ケインズは，消費性向に影響を及ぼす主要な客観的要因には，次のようなものがあると説明している。

　ⅰ) **賃金単位の変化** ⇒ 消費は名目所得[5]の関数であるよりは，実質所得の関数である。

技術，および嗜好が与えられ，所得分配を決定する社会諸条件が与えられた状態において人の実質所得は彼の労働単位支配量，すなわち賃金単位によって測られた彼の所得額とともに増減する。ただし産出物の総量が変化する場合には，彼の実質所得は（収穫逓減の作用[6]のために）賃金単位によって測られた彼の所得に比べて，小さな割合の増加を示す。したがって，第1次近似としては，賃金単位が変化するならば，雇用の一定水準に対応する消費支出は物価と

---

[4] 「支出への諸動機は相互に作用しあっており，これを分類しようとする試みは誤った区分の危険を冒すことになる。」(『一般理論』p.91) としながらも，ケインズは考え方を整理するために提唱しているのである。

[5] 名目所得とは貨幣表示の所得であり，実質所得とは物価水準で調整した実質値である。

[6] 収穫逓減の作用とは労働の限界生産性逓減を反映して生じる。

同様に同じ割合で変化すると想定するのが合理的である。

ⅱ）**所得[7]と純所得との間の差異の変化**⇒消費額は，総所得より純所得に依存することを明らかにした。

人が消費の規模を決めるときに，念頭におくのは自分の純所得である。「他の条件が同じなら，この両者の間にはかなり安定的な関係がある。つまり，それぞれの所得水準を一意的に，対応する純所得と関連づける関数があるという意味である。」(『一般理論』p.93)。

「もし，そんな関数がなければ，所得変化のうち純所得に反映されないものはすべて，それは消費にまったく影響しないであろうから無視されなければならない。」(『一般理論』p.93)。

以上の議論から，消費関数は次の（3.14）式のように書き直される。

$$C_W = \chi(Y_W - T_W) \quad または \quad C = W_\chi(Y_W - T_W) \qquad (3.14)$$

ⅲ）**純所得の計算において考慮に入れられない資本価値の予想外の変化**⇒これらは消費性向の変化にとって重要性がある。

資本価値の予想外の変化は所得の量と安定した規則性のある関係をもたないからである。これは消費性向の短期変化をもたらす大きな要因の1つと考えるべきである。

ⅳ）**時間割引率（rate of time-discounting）の変化**⇒すなわち，現在財と将来財との交換比率の変化である。

しかし，近似的には利子率とほぼ同じと見なして良いであろう。

以上の議論から，i を利子率とすると消費関数は次の（3.15）式のように書き直される。

$$C_W = \chi(Y_W - T_W, i) \quad または$$
$$C = W\chi(Y_W - T_W, i) \qquad (3.15)$$

---

7 所得とは1年間の国民所得の大きさであり，純所得とは減価償却を控除した値である。

ⅴ）**財政政策の変化**⇒個人の貯蓄誘因が彼の期待する将来の報酬に依存する限り，それは明らかに利子率だけでなく，政府の財政政策にも依存する。

　所得税（特にそれが「非勤労所得」に対して不利な差別を行う場合）や資本利得税，相続税，その他これに類するものは利子率と同じように重要性をもっている。しかし財政政策の変化のとりうる範囲は，少なくとも期待としては，利子率そのものの場合よりも一層大きいであろう。もし財政政策が所得のより公平な分配のための裁量的手段として用いられるならば，それが消費性向を増大させる効果はもちろんそれだけ大きい。

　政府が一般徴税分から公債償還のための政府の減債基金が総消費性向に及ぼす効果も考慮に入れなければならない。なぜならば，これは一種の法人貯蓄を意味し，巨額の減債基金を設ける政策は，与えられた状態の下で消費性向を低下させると見なさなければならないからである。政府が公債政策からその逆の減債基金設置政策へと転換すること（またはその逆）が，有効需要の激減（著増）を引き起こすことになるのはこの理由のためである。

　以上の議論から，B を国債残高とすると，消費関数は次の（3.16）式のように書き直される。

$$C_W = \chi\,(Y_W - T_W + i^B,\ i) \quad \text{または}$$
$$C = W\chi\,(Y_W - T_W + i^B,\ i) \tag{3.16}$$

ⅵ）**現在の所得水準と将来の所得水準との間の関係についての期待の変化**

　この要因は特定個人の消費性向に著しい影響を及ぼすことがあるかもしれないが，<u>社会全体としては平均化されてしまう</u>であろう。

さらにこの要因は一般に，あまりに不確実性が多過ぎて大した影響はもち得ない。

②結論

ケインズによる残された結論は，「ある状況での消費性向はかなり安定した関数かもしれない，というものです。もちろんこれは賃金単位の名目価値変動を排除した場合という条件つきですが。資本価値の予想外の変動は，消費性向を変えるかもしれないし，金利や財政政策が大幅に変わってもある程度の影響はあります。でもそれ以外の客観条件は，無視はしないにせよ，通常の状況ではたぶん重要ではなさそうです」（『一般理論』p.89；下線は引用者）と説明している。

「したがって，与えられた状態においては，消費性向はもし貨幣によって測られた賃金単位の変動を除去するならば，かなり安定的な関数とみなすことができるという結論が残される。資本価値の以外の変化は消費性向を変化させることがあるだろうし，また，利子率，及び財政政策の大きな変化は何らかの相違をもたらすであろう。しかし，消費性向に影響するその他の客観的諸要因は無視してはならないけれども，通常の状態においては重要ではないように思われる」（『一般理論』p.89；下線は引用者）のである。

すなわち，後の消費関数論争のための基本的な資料が以上の議論のなかにちりばめられているのである。同時に，この議論は，後の対マネタリスト[8]の消費関数と貨幣需要関数のどちら安定的な関数であるかという論争に1つの見解を提示するものである。

（3）消費性向：II.主観的な要因

次に，ケインズは，第9章において，「消費性向を説明する主観

---

[8] マネタリストとは戦後のアメリカ経済のインフレーションの経験を背景としてケインズ経済学に反対したフリードマン（p.135参照）達のグループである。

的な要因」として，賃金単位によって測られた所得総額が与えられた場合にどれだけが消費のために支出されるかを決定する「主観的および社会的な誘因」について詳しい説明はなく，重要度の高い目録だけを示している。

すなわち一般的に，人が所得の支出を控える主要な動機や目的は，主に8つある。

①不測の偶発事に備えて準備をするため。

②所得と個人や家族との間で将来の必要，将来における関係が現在のものとは異なることが予想されるので，それに備えようとするため。たとえば老後，家族の教育，または扶養家族の維持のために備えること。

③利子および価値騰貴を享受するため。これは小額の即自的消費よりも後日のより大きな実質的消費の方が望まれるから。

④支出の逓増を享受するため。なぜなら，たとえ享受能力が将来的には逓減することがあるとしても，暫時向上していく生活水準を将来に期待する方が，その逆の場合よりも普通の人の本能を満足させるからである。

⑤特定の行為をするというはっきりとした考えや確固とした意図はないにしても，独立の意識と実効力を享受しようとするため。

⑥投機的または経営的計画を実行するために運用資金を確保しようとするため。

⑦財産を遺贈しようとするため。

⑧純粋の吝嗇，すなわち消費支出行為そのものに対する不合理かつ執拗な抑制心を満足させようとするため。

この8つの動機を，「用心，深慮，打算，向上，独立，企業，自尊心，および貪欲の動機と呼ぶことができよう。またこれに対応し

て，享楽，浅慮，寛大，誤算，虚飾，および浪費というような消費動機を作ることができよう」(『一般理論』pp.107-108) と説明している。

　個人によって蓄積される貯蓄とは別に，中央政府および地方政府，民間企業や営利企業などによって支出されずに保持されている巨額の所得が存在する。これは英米などのような近代産業社会においては全蓄積のおそらく3分の1から3分の2に達するであろう。その動機は個人を動かすものと同一ではないけれども，大部分は類似であった，その主要なものは次の4つである。

①企業の動機：借金をしたり，市場で資本を調達したりしないで，<u>一層の資本投資</u>を行うための資金を確保しようとするため。

②流動性の動機：<u>緊急事態</u>やさまざまな<u>困難</u>や<u>不況に対処</u>するために，流動的資産を確保しようとするため。

③向上の動機：<u>所得の逓増を確保</u>するため，これはひいては経営を批判から守ることにもなろう。なぜならば蓄積に基づく所得の増大は，能率に基づく所得の増大からほとんど区別することができないからである。

④堅実金融の動機および「<u>安全第一の配慮</u>」：実際の損耗や陳腐化の率に遅れず，むしろそれに先んじて負債を返済し資産の減価償却をするために，使用者費用および補足費用を超える金利準備金を儲けるものであって，資本設備の量と性質，および技術変化率に依存する。

　<u>所得の一部を消費せずに保持しようとする</u>，これらの動機に対応して，所得以上の消費を行う動機が時に作用することがありうる。上に羅列した，個人の貯蓄増をもたらす動機のいくつかは，後にそれに対応したマイナスの貯蓄が意図されている。

こうした動機の強さは，われわれが前提としている経済社会の制度や組織により，民族，教育，因習，宗教，一般道徳によって形成される習慣により，資本設備の規模と技術より，さらにそのときの富の分配と確立されている生活水準によって著しく異なるであろう。
　『一般理論』の議論においては，ケインズは，「広範な社会変動の結果や長期発展の緩慢な効果を取り上げることはしない。すなわち，われわれは貯蓄および消費のそれぞれをもたらす主観的動機の主要な背景とみなすのである。富の分配が共同体の多かれ少なかれ恒久的な社会的構造によって決定されるものである限り，これもまた緩慢に長期的に変化する要因と考えることが出来，これをわれわれは現在において所与とみなすことが出来る」（『一般理論』p.108）と説明しているのである。
　このことは，われわれがケインズ経済学を開発途上国の議論として発展的に考察するときに以上の詳細な議論の各国別の調査は，重要な経済分析の要因となることを説明しているのである。

[参考文献]

　　宇沢弘文［2008］『ケインズ『一般理論』を読む』岩波現代文庫，pp.110–111.
　　ケインズ，J. M. / 塩野谷祐一訳［1983］『雇用・利子および貨幣の一般理論』東洋経済新報社（Keynes, J. M.［1936］*The General Theory of Employment, Interest and Money*, The Macmillan Press LTD.）

第4章 有効需要の原理と有効需要政策
―有効需要の理論（Z-D分析）から
国民所得決定式（45度線分析）へ―

1. 有効需要の原理

(1) 有効需要の原理と非自発的失業

　ケインズのマクロ経済学[1]において，雇用量は有効需要の大きさによって決定される。ここで，有効需要の大きさとは，前章で説明したように，企業家が期待する総売上額と雇用量との関係を示す「総需要曲線」と企業が現在保有する資本設備のもとでの「生産技術の条件」や「費用条件」などを反映した企業の利潤極大条件を満たすという意味での「古典派の第1公準」から導出される「総供給曲線」とが交叉する点における「総需要の大きさ」として定義される。

　「雇用量は有効需要の原理で決定される」という意味は，古典派経済学の用語で説明するならば，経済全体の雇用量は「古典派の第1公準」で決定されるという意味となる。すなわち，労働市場における賃金率の価格調整メカニズムは機能せず，古典派経済学が説明するような家計の効用極大化行動を背景とした労働供給条件は満たされないままに失業状態，すなわち，「非自発的失業」が発生すると説明されるのである。

(2) ケインズ経済学における労働市場の均衡条件

　ケインズは有効需要の原理による雇用量決定を説明するために，

---

[1] ケインズの『一般理論』に忠実に理解されたマクロ経済学モデルをここでは，「ケインズのマクロ経済学」と呼んでいる。

「古典派の第1公準」を受け入れ，「古典派の第2公準」を否定するのである。

このような関係を考慮してケインズが説明する古典派経済学的な労働市場分析を考えると，次のような説明をすることができる。

【均衡条件】　　$N_K = N^D$　　　　　　　　　　　　　　(4.1)

【労働需要関数】　$N^D = N^D\left(\dfrac{W}{P}\right),\ N^{D'}\left(\dfrac{W}{P}\right) < 0$　　(4.2)

【非自発的失業】　$U = N_F - N_K$　　　　　　　　　　　(4.3)

ここで，N_K は有効需要の大きさに基づいて決定される雇用量である。また，U は非自発的失業者数，N_F は完全雇用水準である。

このケインズ的労働市場は，**図4.1**のように説明される。有効需要の水準によって決定される雇用量 N_K は，このケインズ的な労働市場の図においては有効需要の理論によって与えられるから，横軸

図4.1　ケインズ的な労働市場

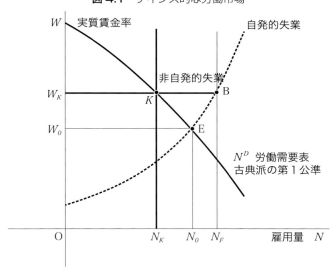

に対して垂直な N_K 線を有効需要制約線として描くことができる。実質賃金率に関してはここでは不決定である。なぜならば，ある制度的な要因のもとで説明されるものであるからである。この場合には古典派の労働供給曲線と，労働需要曲線との間の W_0 と W_K の範囲のいずれかで実質賃金率は決定されていることになるのである。

（3）失業の種類とその対策

　ケインズの『一般理論』によると，失業の種類には，古典派経済学が想定していた「自発的失業」（voluntary unemployment）とは別にケインズが説明した有効需要の不足によって生ずる「非自発的失業」（involuntary unemployment），そして経済構造や産業構造の変化への対応の遅れによって発生する「摩擦的失業」（frictional unemployment）とに区別して考えなければならない。以下，それぞれの失業の発生原因とその対策について考える。

①自発的失業

　自発的失業とは，労働市場が均衡状態のもとでも存在する失業であり，「一単位の労働が法制とか社会的習慣とか，団体交渉のための団結とか，変化に対する反応が遅いとか，単なる人間性質上の片意地とかの結果として，その労働者の限界生産力に帰せられるべき生産物の価値に相応する報酬を受け入れることを拒否し，または，受け入れることができないために生ずる」失業である。

　この種の失業に対する政策は「労働の限界不効用」を引き下げることであるケインズの時代はこのような失業は本来大きな社会問題ではなかったのである。しかし，近年，多くの先進工業諸国においては，失業保険制度や他の社会保障制度が発達してきたために若年層を中心として，このような「自発的失業」の種類に分類される失

業が増大していると考えることができる。これは新しい社会問題であると考えられている。

また、現在の職業よりもさらに良い職業に就きたいという目的のために現在の職業を退職して失業する場合にも、この「自発的失業」の定義に入れることができる。

②非自発的失業

非自発的失業とは、ケインズの「有効需要の理論」があってはじめて定義することができる失業の概念である。すなわち、経済全体の財・サービスに対する有効需要が不足しているために、現行の実質賃金率のもとで働く意思があるにもかかわらず仕事がない労働者が生ずることによって発生する失業である。

ケインズはこの「非自発的失業」の定義を『一般理論』において、次のように説明している。

「もし賃金財の価格が貨幣賃金と比して、わずかに騰貴した場合に、その時の貨幣賃金で働こうと欲する総労働供給と、その時の賃金で雇おうとする総労働需要がともに、現在雇用量よりも大であるならば、人々は現に非自発的に失業している」(『一般理論』pp.15-16) のであると。すなわち、この状態は実質賃金率の下落にもかかわらず、労働供給量が増加している状態であり、少なくとも、「自発的失業」ではないことが説明される。このような失業をケインズは「非自発的失業」と呼んだのである。

この「非自発的失業」を減少させるためには、有効需要を拡大することが必要である。国内の消費性向と投資水準が一定所与であり、海外への輸出の増大も期待できないような状態のもとでは、政府の積極的な有効需要拡大政策が必要となるのである。

政府の有効需要拡大政策のためには、大別して、財政政策と金融

政策がある。財政政策には，①減税政策による消費・投資の拡大政策や②国債発行などによってファイナンスされた資金による政府支出の増大に基づく有効需要拡大政策等，すなわち，赤字財政政策が挙げられる。また，金融政策には，①国債や債券などの買いオペレーションによる貨幣供給量の増加政策や，②公定歩合引き下げによる投資刺激政策，③中央銀行の支払準備率の引き下げによる金融緩和政策などが挙げられる。

③摩擦的失業

摩擦的失業とは，「たとえば，誤算または，断続的需要の結果として，特殊化された諸資源の相対的数量の間に均衡を一時的に失われることにもとづく失業とか，不測の諸誤算にともなう遅れにもとづく失業とか，一雇用から他の雇用への転換が，若干の遅れなくしては行われず，したがって非静態的な社会において常にある割合の資源が仕事と仕事の間に，使用されないでいるという事実にもとづく」失業である（『一般理論』p.6）。

この「摩擦的失業」とは，経済の変化に対して市場の調整が十分速やかに行われないことによって生ずる失業である。この「摩擦的失業」を減少させるためには，組織や予想・期待についての改善が必要となるのである。

2. 有効需要拡大政策

ケインズは「非自発的失業」の問題を解決するために有効需要政策が有効であることを説明した。非自発的失業が発生する原因は，社会における過剰生産能力である。この過剰な生産能力を増加させないで有効需要を拡大させる政策がケインズの公共事業の実施とい

う赤字財政政策の提案なのである。

ケインズの有効需要拡大政策の効果は，図4.2において，総需要曲線がD曲線から$D+\varDelta G$曲線への上方へシフトによって説明することができる。すなわち，有効需要を決定する均衡点が点E_0から点E_1へ移動し，有効需要がD_0からD_1へと増加して，雇用量がN_0からN_1へと増加するのである。

このような政府の赤字財政政策が続けられる期間は政府の財政状態に依存するために限られた期間であり，それゆえに，総需要関数の上方へのシフトの幅と期間は財政支出の拡大が行われている期間の一時的なものである。なぜならば，累積的な赤字財政政策は政府債務を累積させるために，やがて政府の歳出が硬直化し，このような積極的財政政策を続けることは困難となり，早急な民間投資の回復が望まれるからである。

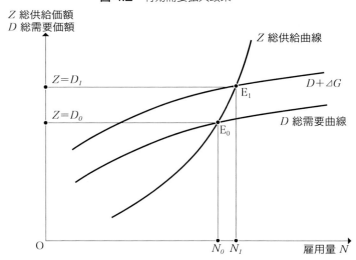

図4.2　有効需要拡大政策

3. 限界消費性向と乗数

　ケインズ的なマクロ経済政策において重要な役割を果たすのが「乗数理論」である。ケインズは，乗数理論とその重要な要素である限界消費性向について，次のように説明している。

　「第八章において消費性向に変化がなければ，雇用は投資と同じ歩調でのみ増加しうることを確定した。なぜならば，一定の環境のもとでは乗数（multiplier）と呼ばれる一定の比率を，所得と投資の間を，および若干の単純化によって，全雇用量と投資に直接使用される雇用量（これを第一次雇用と呼ぶ）との間に確定することができるからである。この一歩は，われわれの雇用理論の不可欠の部分である。というのは，それは消費性向が与えられた場合，総雇用および総所得と投資量との間に厳密な関係を構築するからである。乗数の概念はR. F. カーン[2]氏の論文「国内投資と失業に対する関係」(The Relation of Home Investment to Unemployment；『エコノミック・ジャーナル』1931年6月号）によってはじめて経済理論のなかに導入された。この論文におけるカーン氏の議論は，もし各種の仮想的な状況における消費性向を（他の若干の条件とともに）与えられたものとして，金融当局または他の公共当局が投資を刺激したり阻止したりする手段をとると考えるならば，雇用量の変化は投資量の純変化の関数となるであろう，という基本的なアイデアに依存していた。そしてそれは純投資の増分と，それに結びついて生ずる総雇用の増分との間の現実の数量的関係を推定するための一般的原理を確定することを意図していた。しかし乗数に進む前に限界消費性向（marginal propensity to consume）の概念を導入するのが便利であろう。」（『一般理論』p.113；下線は引用者）。

---

[2] ケインズの弟子であり，ケインズのインナーサークルの代表でもある。

このことは，マクロ生産関数，$Y = F(N, K)$ の関係を説明するものではなく，投資規模と雇用量，雇用量と国民所得の関係を，次の関係式（4.4）のように示すものである。

$$Y = \mu(N) = \mu(N\zeta(I)) \qquad (4.4)$$

実質所得変動は，一定の資本設備に異なった雇用量（すなわち労働単位）を適用することで生ずるものであって，したがって実質所得は雇用される労働単位数とともに増減する。もしわれわれが一般に想定するように，一定の資本設備に対して雇用される労働単位数が増加するにつれて，限界における収穫が逓減するならば，賃金単位表示の所得は雇用量に比べてより大きな割合の増加を示し，他方，雇用量は生産物表示の（もしそれが可能であれば）実質所得に比べてより大きな割合の増加を示すであろう。しかし，生産物表示の実質所得と，賃金単位表示の所得は（資本設備が事実上変化しない短期においては）増減の方向は同じになるであろう。だから，生産物表示の実質所得は正確な数値測定は不可能であるから，賃金単位表示の所得（Y_w）を実質所得の変動を表す適切な作業場の指標と見なすことがしばしば便利である。ある文脈では，一般に Y_w の方が実質所得に比べてより大きな割合で増減するという事実を無視してはならないが，両者は常に増減の方向を同じくしているという事実があるために両者を実際に同じもののように扱うことの許される文脈もある。

$\varDelta C_w$ を賃金単位の消費，$\varDelta Y_w$ を賃金単位の所得とすると，一般的な社会心理法則においては，$\varDelta Y_w > \varDelta C_w$ である。ここで，$\dfrac{dC_w}{dY_w}$ を限界消費性向と定義する。この大きさはとても重要な概念である。なぜならば，産出量の増分が消費と投資にどのように分けられるかを示しているからである。その関係を式に表すと（4.5）のようになる。

$$\varDelta Y_W = \varDelta C_W + \varDelta I_W = \frac{dC_W}{dY_W}\varDelta Y_W + \varDelta I_W \tag{4.5}$$

したがって，投資の増分と所得の増分との間の関係を表す投資乗数（investment multiplier）k は，次の（4.6）式のように表される。

$$\varDelta Y_W = k\varDelta I_W = \frac{1}{1-\dfrac{dC_W}{dY_W}}\varDelta I_W \tag{4.6}$$

ここで，$k = \dfrac{1}{1-\dfrac{dC_W}{dY_W}}$ であるから，$\dfrac{1}{k} = 1 - \dfrac{dC_W}{dY_W}$ となり，次のように限界消費性向と乗数との関係が次のように表される。

$$\frac{dC_W}{dY_W} = 1 - \frac{1}{k}$$

①カーンの乗数

カーン（R. F. Kahn）の乗数は，この投資乗数とは異なって，雇用乗数（employment multiplier）と呼び k' によって表すことができるものである。投資産業における第一次雇用の与えられた増分と，それと結びついた総雇用の増分との間の比率を示すものだからである。

すなわち，もし投資の増分 $\varDelta I_W$ が投資財産業における第一次雇用の増分 $\varDelta N_2$ を導くとすれば，全雇用の増分は $\varDelta N = k'\varDelta N_2$ ということになる。

社会の消費心理が所得増分のたとえば9割を消費するならば，乗数 k は 10 になる。そして，公共事業の増加で引き起こされる総雇用は，投資が別の方向に減らされないとすれば，公共事業自体がもたらす第一次雇用の 10 倍になる。

②限界消費性向と景気変動

　限界消費性向が1よりあまり小さくなければ，投資のわずかな変動でも，雇用は大幅に変動する。そのために，投資を少し増加させるだけで完全雇用は実現できるのである。この場合，非自発的失業は容易に治せる病気である。

　これに対して，限界消費性向がかなりゼロに近ければ，投資が少し変動しても，雇用の変動は投資の変動と同様に小さなものとなる。そのために，完全雇用を生み出すには投資の大幅な増加が必要となる。この場合は，雇用の変動はそんなに大きくないので，経済はかなり低い水準に落ちついてしまう傾向がある。

　実際の限界消費性向は，この両極端の間のどこかにあり，ゼロよりはずっと1に近いと考えられる。現実的な課題としては，雇用の変動が激しく，完全雇用を実現するために必要な投資の増分は大きく，問題の解決は容易ではないのである。

③真正インフレーション

　完全雇用所得水準が実現すると，それ以上の投資増大は，限界消費性向には関係なく物価が無限に上昇することになる。つまり真正インフレーションの状態に到達する。この時点に到達するまでは，物価上昇は総実質所得の上昇と結びついて生じる。

4. ケインズの有効需要拡大政策の新しい展開

　有効需要拡大政策の中心は，公共事業である。公共事業には，道路，鉄道，港湾，空港等の産業基盤社会資本や電気，水道，ガス等の生活基盤社会資本，保健所，病院等の社会的に最低限必要な厚生

施設，そして，美術館，歴史資料館，博物館，音楽堂等の教養・文化施設等がある。

3.の例は，ケインズの説明に従って生産能力を拡大しない公共事業が前提の公共投資であった。しかし，産業基盤社会資本や生活基盤社会資本の充実は企業の活動に外部経済効果を与え，間接的に企業活動を支え，企業の生産費用を低減させる効果があると考えられる。ケインズによって，生産能力の拡大は禁止されているものの，企業の生産費用の逓減効果を生み出す公共投資は禁止されていないのである。

いま，政府がこのような企業の社会的費用を低減させる効果のある公共事業を行うならば，日本の企業の生産費用の低下と労働生産性の上昇が期待されるのである。

(1) 総供給関数を下にシフトさせる社会資本投資

いま，日本政府が日本国内の企業にとって外部経済効果を発揮させる社会資本への投資を進め，社会資本が十分に機能することができるならば，総供給曲線（関数）は図4.3のZ'線のように下にシフトし，総需要曲線（関数）との交点である有効需要は，点E_1から点E_2へ必ず増大するのである。

すなわち，有効需要拡大政策の期間に有効需要点は点E_0から点E_1へと移動し，国民所得雇用量も一時的に増加するが，外部経済効果を発揮させる社会資本への投資が十分に行われ，政策効果が十分に発揮された後には，総供給曲線（関数）は右下方向へシフトすることによって，有効需要点は点E_1から点E_2へと移動するのである。

このとき，国民所得は有効需要拡大政策時期の国民所得点E_1よりも減少しているが，もとの点E_0よりも大きい有効需要規模E_2にとどまることがわかる。しかし，雇用量はN_0から，N_1へ，さらに

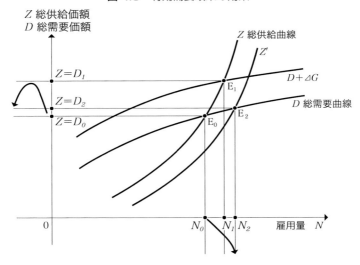

図4.3 有効需要政策の効果

N_2 へと増加していることが説明されるのである。

　以上みてきたように，生産能力の増加ではなく，企業の生産費用低下をもたらす公共事業は企業の成長と国際競争力の強化に結びつき，国内の雇用拡大に貢献する公共事業として必要な政策なのである。

（2）日本経済に求められる社会資本の充実と公共事業

　現在の日本経済においては，日本の高度経済成長期に投資されてきた日本の社会資本（インフラ）の老朽化の問題と今後の社会資本の不足の問題は，緊急の課題となっている。

　日本政府（国土交通省）は，社会資本の老朽化の現状と将来について次のように説明している。

　「我が国の社会資本ストックは高度経済成長期に集中的に整備さ

れ，今後急速に老朽化することが懸念されています。今後 20 年間で，建設後 50 年以上経過する施設の割合は加速度的に高くなる見込みであり，このように一斉に老朽化するインフラを戦略的に維持管理・更新することが求められています。」。

すなわち，日本経済は今後 20 年間において社会資本を再建・維持しながら，経済を安定的に運営することが求められているのである。

[参考文献]

ケインズ，J. M. / 塩野谷祐一訳 [1983]『雇用・利子および貨幣の一般理論』東洋経済新報社（Keynes, J. M. [1936] *The General Theory of Employment, Interestand Money*, The Macmillan Press LTD.）

第5章 国民所得決定式とケインズ乗数

1. 現代マクロ経済学の流れ

　現代のマクロ経済学は，ケインズの『雇用・利子および貨幣の一般理論』によって説明された「有効需要の理論」を背景として成立した。この題名からわかるように，経済全体の雇用量を決定するためには，利子率と貨幣との関係を考慮して，考察されなければならないという意味である。

　この古典派経済学批判としての「有効需要の理論」は，ケインズ革命として，現代マクロ経済学のなかに取り込まれていった。すなわち，ケインズ革命の成果として，J. R. ヒックス（J. R. Hicks）の論文「ケインズ氏と「古典派」たち：解釈の一示唆」（Mr. Keynes and the "Classics"; A Suggested Interpretation, *Econometrica*, Vol. 5, No. 2, 1937, pp.147–159）やアルヴィン・ハンセン（Alvin Harvey Hansen; 1887–1975）の『ケインズ経済学入門』（*A Guide to Keynes*; 1953年）によって，ケインズの「有効需要の理論」に代わる新古典派経済学的な，「均衡国民所得の決定」という理論として「ケインジアン・クロス」あるいは，「45度線の理論」として短期（1年間）の国民所得の水準 Y(National Income) は，1年間に支出される消費額 C(Consumption) と投資額 I(Investment)，そして，政府支出額 G(Government Expenditure) の合計額によって決定さ

れると説明されるのである。

　また，ヒックス＝ハンセン流の新古典派的なマクロ経済学（IS・LM モデル）として，労働市場とのフィードバックを除外した，財市場と貨幣市場，債券市場の3市場間の一般均衡モデルとして再構築されたのである[1]。

　さらには，ヒックス＝ハンセン流の新古典派的なマクロ経済学（IS・LM モデル）を貿易収支概念だけではなく，間接投資資金の移動と直接投資資金の移動を考慮した国際収支概念を導入した開放体系・マクロ・モデル（Open Macro Economics）として発展させる試みまで行われているのである。その成果は，マンデル＝フレミング・モデルとして説明されている。

2. ケインズ経済学からケインジアンの経済学へ

　ケインジアンの消費関数は，ケインズの『一般理論』の以下の一節から導出される。

　「消費性向というものを，賃金単位表示の任意の Y_W とその所得水準からの消費支出分 C_W との間の関数関係 χ として規定する」ことにすると，消費関数は次の（5.1）式のように表される。

$$C_W = \chi(Y_W) \quad または \quad C = W\chi(Y_W) \qquad (5.1)$$

　この関係から，ケインジアンは，$Y_W = Y_W(N)$ あるいは，$N = N(Y_W)$ の関係を見出し，この関係を4章の消費関数 $D_1 = \chi(N)$，$\chi'(N) > 0$ に代入することによって，次の（5.2）ように書き直したのである。

$$D_1 = C_W = \chi(N(Y_W)) = C_W(Y_W), \quad C'(Y_W) > 0 \qquad (5.2)$$

　この賃金単位で表現された消費関数を名目単位で表せば，$C_W = \dfrac{C}{W}$ より，次の（5.3）式のように導出されるのである。

---

[1] 新古典派経済学における一般均衡体系としてのマクロ・モデルの説明は，本書の第8章において説明する。

$$W \cdot C_W = W \cdot C_W(Y_W)$$
$$\Rightarrow \quad C = C_W(W \cdot Y_W) = C(Y) \tag{5.3}$$

ここで，C_W 関数と C 関数は同一であるという暗黙の仮定がなされているのである。有効需要のもう 1 つの構成要素である投資需要も同様の方法によって，賃金単位で測られた投資額 I_W から，名目単位で測られた投資額 I に替えて表されるのである。すなわち，ケインズの本来の投資関数は次の (5.4) 式のように表される。

$$D_2 = I_W \tag{5.4}$$

この両辺に賃金単位 W をかけて，次の (5.5) 式のように表されるのである。

$$I = W \cdot D_2 \tag{5.5}$$

以上の手続きによって，有効需要の大きさは，次の (5.6) 式のように表される。

$$D = D_1 + D_2 = \chi(N(Y_W)) + I_W \tag{5.6}$$

この式から，次の (5.7) 式のように表現されるようになるのである。

$$D = C + I \tag{5.7}$$

ここで，名目単位で表される国民所得 Y の大きさは，以下の (5.8) 式のように表されるのである。

$$Y = W \cdot Z_W \tag{5.8}$$

以上のようにケインズの『一般理論』において説明された変数と式を新古典派経済学的な変数と式に書き換えることによって，ケインジアンの本来のあるべきマクロ経済学モデルは，いろいろなケインズ的概念を無視して，あるいは乗り越えて，マクロ経済の実際の状態を説明する現代経済学としてのマクロ経済学となったのである。

本章では，現代マクロ経済学としてのケインズ的マクロ経済学を概観することにする。

3. ケインジアン・クロス（45度線の理論）

　民間投資の大きさは景気動向等によって企業が決定する変数であるから，利子率の水準を一定所与であると仮定するならば一定の不変の値 I_0 であると考えることができる。T(Tax Revenue) は1年間の租税額，Y_D は可処分所得（$= Y - T$；disposable Income）を表している。可処分所得とは国民所得のうちの租税額 T を引いた残りの家計が処分可能な所得額を表している。いま，T_0 を1年間の一定の租税額とすると，可処分所得 Y_D は $Y - T_0$ で表される。政策によって決定される政府支出の1年間の大きさが G_0 であるとき，国民所得 Y の大きさは，次の（5.9）式のように決定される。

$$Y = C(Y - T_0) + C_0 + I_0 + G_0 \tag{5.9}$$

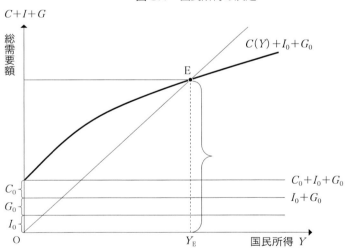

図 5.1　国民所得の決定

この関係は，**図 5.1** のように表すことができる。横軸に国民所得水準 Y を縦軸に総需要価額 $(C+I+G)$ をとると，45 度線は総供給価額と総需要価額が等しい関係を表している。

ここで，所得の増加による消費の増加分 $\left(=\dfrac{dC}{dY}\right)$ を限界消費性向 c(marginal propensity to consumption) とする。

(5.9) 式を国民所得 Y について解くと，次の (5.10) から均衡国民所得 Y_E が決定される。

$$Y_E = \frac{1}{1-c}(C_0 - cT_0 + I_0 + G_0) \qquad (5.10)$$

ここで C_0 は基礎消費の大きさである。(5.10) 式から，経済が不況期にあるときは，民間投資は将来に対する期待を反映して低い水準にあるために経済活動は停滞しており，それゆえに国民所得 Y も少なく，それを反映して消費も低い水準を推移することになるのである。

4. ケインズ経済学との相違

サミュエルソン（P. A. Samuelson）の「45 度線の理論」に基づく「生産物市場の安定条件」の説明は，新古典派経済学的なマクロ経済学としての市場原理を理解するための説明ではあるが，「ケインズの経済学」としての本質的な説明ではないことに注意しなければならない。

ケインズは，『一般理論』において，総供給関数（Z 関数）と総需要関数（D 関数）との交点における総需要額の値として「有効需要の大きさが決定される」と説明したのである。そして，そのとき決定されるのは経済全体の雇用量である。しかし，サミュエルソンが説明するのは，総供給曲線と総需要曲線の交点において均衡国民所

得が決定されるのであり，雇用量が決定されるのではないのである。まして，ケインズは総供給額と総需要額が等しくなるように国民所得の大きさが決定されると説明したのではなく，しかも，そのときの総需要額が有効需要であり，決して総供給額ではないのである。すなわち，有効需要の値を決定する総需要関数と雇用量との関係は消費関数との関係から一意的であるが，総供給関数と雇用量との関係は一意的ではないということを暗黙に意味しているのである[2]。

同様に，ケインズは，貯蓄額と投資額が等しくなる市場均衡点において国民所得が調整され，決定されるとは説明していないのである。すなわち，生産物市場において総需要額と総供給額が等しくなる点において均衡国民所得が決定されるとは説明していないのである。なぜならば，投資と貯蓄は常に恒等関係にあるからである。

ケインズの有効需要の理論とは，「投資や政府支出などの各経済主体の将来に対する期待からそれぞれ独立に決定される要素によって国民所得が決定される」という考え方である。すなわち，ケインズは企業家の主体的均衡の集計として，企業家の市場に対する経験とそれに基づいた期待と企業が保存する技術状態を反映して有効需要の大きさが決定されると説明しているのである。そして投資Iと貯蓄Sは事後的には常に恒等関係にあることが説明されているのである。

これに対して新古典派経済学のマクロ経済学は，企業家の期待によって決定される投資とは独立した消費者の主体的均衡状態の存在を仮定して，生産物市場の需要・供給分析によって市場原理が有効的に機能することを想定した需給条件を調整する「在庫調整」モデルとしての市場の均衡解の存在とその調整過程の安定性を説明しているのである。このような市場均衡の存在とその安定性を前提とする新古典派経済学的な説明からは「ケインズ的失業」，すなわち，「非自発的失業」の存在を説明できないのである。45度線の理論に

---

[2] ケインズの国民所得決定では，労働市場は不均衡状態にあるために少なくとも家計の需要関数の導出においては，新古典派経済学の説明する効用極大条件を満たしていないのである。

よる国民所得決定モデルによって，このような新古典派経済学的な説明が行われることによって，これ以後の「ケインズ的均衡」が「ワルラス[3]的均衡」と同一の市場均衡状態であるかのような錯覚した「ケインズ的マクロ経済学」を生み出したのである[4]。

(1) 財政乗数・ケインズ乗数

 (5.10) 式を政府支出 G で微分すると，次の (5.11) 式のように「財政乗数」あるいは「ケインズ乗数」を得ることができる。

$$\frac{dY}{dG} = \frac{1}{1-c} = \frac{1}{s} \tag{5.11}$$

この乗数は限界消費性向（marginal propensity to consume；mpc）と限界貯蓄性向（marginal propensity to saving；mps）の関係，mpc＋mps＝1，あるいは，$c+s=1$ であるから，財政乗数は「限界貯蓄性向分の1」でも表すことができる。

$$\frac{1}{1-c} = \frac{1}{1-限界消費性向} = \frac{1}{限界貯蓄性向} = \frac{1}{s} \tag{5.12}$$

 このケインズ乗数は，国民所得の大きさの変化 ΔY は，政府の財政赤字の大きさの変化 ΔG によって決定されることを説明している。

(2) 財政乗数の過程

 財政乗数による国民所得が増加する過程は，財政支出の増加としての公共事業の大きさ ΔG が国民所得を増加 ΔY させ，国民所得の増加が貯蓄額 ΔS を増加させる過程として**図5.2**のように説明することができる。

 いま，所得水準が Y_0 から出発して，公共投資がABの幅だけ増加すると，この大きさは総需要のうちの独立支出が増加した大きさである。この独立支出が増加すると企業の在庫が減少し，その減少の

---

[3] レオン・ワルラス（Marie Esprit Léon Walras；1834-1910)　[4] ヒックス／早坂訳［1977］を参照。

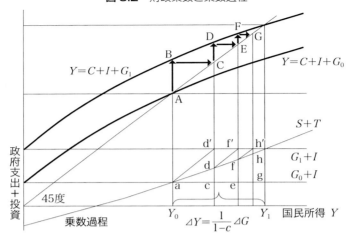

図 5.2　財政乗数と乗数過程

大きさに対応して企業の生産量が拡大する。やがて生産量と国民所得が BC の幅だけ増加する。この所得の増加に誘発されて消費が CD の幅だけ増加する。これは総需要のうちの誘発需要が増加した大きさである。誘発需要増加の程度は限界消費性向の値 c に依存する。やがて CD の幅と等しい DE の幅だけ，生産量＝国民所得が増加するという同様の過程は国民所得水準が Y_1 になるまで続くのである。限界消費性向が大き（小さ）ければ，図の総需要曲線の傾きは大きく（小さく）なり誘発効果（$Y_1 - Y_0$）は大きく（小さく）なる。限界貯蓄性向＝ 1 －限界消費性向であるから，限界貯蓄性向が小さい（大きい）ほど誘発支出は大きい（小さい）ことが説明される。

　このような乗数過程については，投資の大きさと貯蓄の大きさとの調整過程としても説明することができる。すなわち，公共事業の増加によって，国民所得が ac の幅だけ増加すると貯蓄が cd の幅に増加する。しかし，投資が貯蓄を上回っているために所得が ce の

幅だけ増加して，貯蓄がefの幅に増加する。このようにして，投資と貯蓄のギャップが解消するまで所得の増加が生じるのである。ここで，ac＝dd′，ce＝ff′，eg＝hh′である。

以上の説明から，貯蓄Sは所得循環の「漏れ」であることがわかる。独立支出である公共投資が増加すると，生産量と所得が増加するが，消費支出の増加に回らない貯蓄は循環から姿を消すのである。これが経済循環における「漏れ」である。貯蓄される比率が小さいほど，すなわち，「漏れ」が少ない（多い）ほど，乗数の値は大きく（小さく）なるのである。

以上の乗数過程において，需要の増加を打ち消す過剰在庫は社会に存在しないことが前提とされていることに注意しなければならない。

（3）ケインズの財政乗数の過程

ケインズ乗数とは，財政支出の拡大によって総需要曲線が上方にシフトすることによって有効需要が増加する過程とその経済効果を説明するものである。この総需要曲線の上方へのシフトによる経済効果の過程には，次の3段階が説明されなければならない。

第1段階はよく知られている公共事業の乗数過程である。公共事業によって有効需要は公共事業が行われている期間だけは拡大する。しかし，政府の赤字財政政策による公共事業は，それを継続的に行うには予算的に限界があるため，やがて公共事業のための予算は消化されて，総需要曲線はもとの水準に戻るのである。このとき公共事業の残存効果がある場合は，総需要曲線が上方に残るのが次の2段階目の効果である。

第2段階は，公共事業の残存効果によって雇用が増加すると労働分配率が上昇して消費関数が上方にシフトする。そのため，国民所得の増加による限界消費性向の低下と労働分配率の上昇による限界

消費性向の低下が生じる。このように消費性向の上昇効果は公共事業がなくなった後も総需要曲線はもとの位置よりも上の位置にとどまるために，経済効果は，しばらく続くのである。

　公共事業による有効需要拡大効果が企業家の投資意欲を増加させ，投資財産業に影響を与え，総需要関数を上方シフトさせる効果が発揮されるとき，第3段階目の効果が生じる。すなわち資本の限界効率が上方シフトして，所与の利子率のもとで投資が増大し有効需要が拡大する。やがて持続的な所得の増加は政府歳入の増収となり，公共事業の際に支出した財政赤字の一部を補塡すると期待されるのである。

　ケインズは経済の乗数過程を単に数学的な計算式による表現だけではない内容までも説明しているのである。それゆえに，ケインズは，このような不況期においては，経済活動の水準 Y を活性化させ，雇用量を維持するためには，政府が赤字財政政策を実行することによって経済を活性化するべきであるとしたのである。

（4）租税乗数

　政府の租税収入 T を，定額税の部分 T_0 と定率税の部分 tY とからなると考えるならば租税収入総額は，次の（5.13）式のように表される。

$$T = T_0 + tY \tag{5.13}$$

　ここで家計が支出することができる予算は税引き後の所得，すなわち，可処分所得 Y_D は，$Y_D = Y - T$，であるから，可処分所得は次の（5.14）ように定義される。

$$Y_D = Y - T = Y - (T_0 + tY) \tag{5.14}$$

　このとき，消費関数は可処分所得の増加関数として（5.14）式のように定義されている。

$$C = C(Y_D) \tag{5.15}$$

いま，線形の消費関数を仮定すると，均衡国民所得水準 Y_{E1} は，次の (5.16) 式のように求めることができる。

$$Y = c\,[Y - (T_0 + tY)] + C_0 + I + G$$
$$[1 - c(1 - t)]\,Y = C_0 - cT_0 + I + G$$
$$Y_{E1} = \frac{1}{1 - c(1 - t)}(C_0 - cT_0 + I + G) \tag{5.16}$$

ここで，C_0 は基礎消費，c は限界消費性向である。

①租税率を考慮した財政乗数

国民所得決定式の (5.16) 式を政府支出の大きさ G によって微分すると，次の (5.17) 式のように財政乗数が導かれる。

$$\frac{dY}{dG} = \frac{1}{1 - c(1 - t)} \tag{5.17}$$

この式は一定の税率 t のもとでの租税の存在を考慮した財政乗数である。いま，租税が定額税の場合は，限界税率 t がゼロであるか

図5.3 財政政策と租税政策の効果

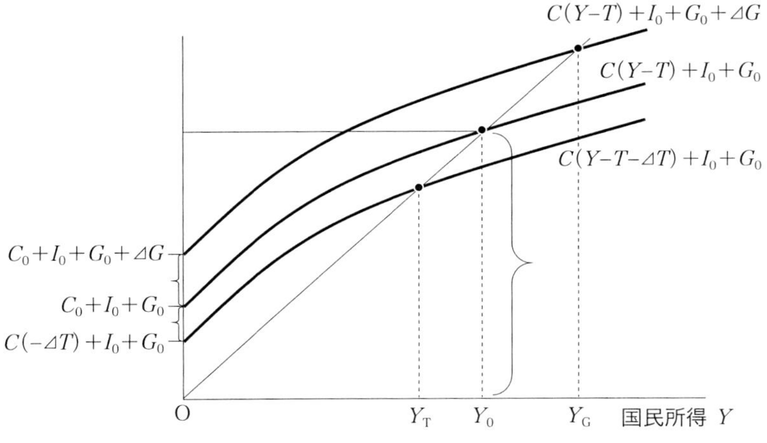

ら，財政乗数は（5.11）式と同一の形で次の（5.18）式のように表される。

$$\frac{dY}{dG} = \frac{1}{1-c} \tag{5.18}$$

この関係は，図5.3における $Y_G - Y_0 (= \frac{1}{1-c} \Delta G)$ の幅で説明される。

②定額租税乗数

政府が国民の経済活動に対して一定の租税額 T を課す場合について考える。このとき，家計は所得から一定の租税額 T を課税され，税率はゼロであるから，$t = 0$ と考えることができる。このとき国民所得を決定する（5.16）式は，前に導出した（5.10）式のように表される。

$$Y_E = \frac{1}{1-c}(C_0 - cT_0 + I_0 + G_0) \tag{5.10}$$

すなわち，均衡国民所得 Y_E は基礎消費額 C_0 と民間投資額 I_0 と政府支出額 G_0 の合計から租税額 cT_0（課税によって減少した消費額）を差し引いた額を $(1-c)$ で割った値として計算することができるのである。

政府の租税を考慮しないときの均衡国民所得を Y_{E1} とすると，政府の課税による租税収入を考えたときの国民所得 Y_E は課税なしのときの国民所得 Y_{E1} よりも低い水準であることがわかる。

政府の租税収入を定額税だけからなるとして，政府の租税額の変化（ΔT）が所得水準に与える影響（ΔY）を求めると，前の（5.11）式を租税額 T で微分すると次の（5.19）式が得られる。

$$\frac{dY}{dT} = \frac{-c}{1-c} < 0 \tag{5.19}$$

この値は政府が租税政策によって課税額をΔT増加させると，国民所得がΔYだけ減少することを表しており，「租税乗数」と呼ばれる。この関係を式で表すと次の（5.20）式のように表される。このような租税乗数を「定額税の場合の租税乗数」という。

$$\Delta Y = \frac{-c}{1-c} \Delta T \tag{5.20}$$

いま，ΔTが負の場合には，減税政策を表している。この関係は，**図5.3**における$Y_T - Y_0 \left(= \frac{-c}{1-c} \Delta T \right)$の幅で説明される。

減税政策によって国民所得が増加する効果は，次の（5.21）式のように表される。

$$\Delta Y = \frac{-c}{1-c}(-\Delta T) > 0 \tag{5.21}$$

政府が課税し，租税収入Tを得るということは，家計にとっては租税負担額分の可処分所得（$Y_D = Y - T$）が減少することを意味している。このとき，平均消費性向（average propensity to consume；apc）と平均貯蓄性向（average propensity to saving；aps），限界消費性向（mpc）と限界貯蓄性向（mps）との間には，次の（5.22）式と（5.23）式のような関係が成立している。

$$Y_D = C + (Y - T - C) = C + S_P$$

$$\frac{C}{Y_D} + \frac{S_P}{Y_D} = 1 \quad \text{apc} = \frac{C}{Y_D} \quad \text{aps} = \frac{S_P}{Y_D} \quad \text{apc} + \text{aps} = 1 \tag{5.22}$$

$$\frac{\Delta C}{\Delta Y_D} + \frac{\Delta S_P}{\Delta Y_D} = 1 \quad \text{mpc} = \frac{\Delta C}{\Delta Y_D} \quad \text{mps} = \frac{\Delta S_P}{\Delta Y_D}$$

$$\text{mpc} + \text{mps} = 1 \tag{5.23}$$

(5) 均衡予算乗数

　政府が均衡予算を維持しながら，財政政策を行うならば，$G=T$ でなければならない。また，均衡予算を守りながら追加的な財政支出政策を行うためには財政支出の増加分 ΔG に等しい増税 ΔT が必要である。すなわち，$\Delta G = \Delta T$，でなければならない。ということは，均衡予算制約のもとでの財政政策においては，財政政策の効果と増税政策の効果が同時に働くことになる。この関係は，(5.11) 式の「財政乗数」と (5.19) 式の「租税乗数」を足し合わせることによって，均衡予算乗数は1であることが説明されるのである。

$$\frac{dY}{dG} = \frac{1}{1-c} \tag{5.11}$$

$$\frac{dY}{dT} = \frac{-c}{1-c} \tag{5.19}$$

$$\frac{dY}{dG} + \frac{dY}{dT} = \frac{1}{1-c} + \frac{-c}{1-c} = 1 \tag{5.24}$$

　すなわち，均衡予算乗数は政府支出の増加額 ΔG による正の経済効果 ΔY_G と租税額の増加 ΔT による負の経済効果 ΔY_T を相殺して余る額であり，正の値をとることが説明される。

$$\Delta Y_G + \Delta Y_T = \frac{1}{1-c} \Delta G + \frac{-c}{1-c} \Delta T = \frac{1-c}{1-c} \Delta G = \Delta T \tag{5.25}$$

　この関係は**図5.3**において，$Y_G - Y_0$ と $Y_0 - Y_T$ の和として表される。

(6) 定率税の租税乗数

　租税は所得水準に対して一定率 t で課される場合，政府の租税率の変化 Δt が所得水準に与える影響 ΔY を求めるためには，税率 t で

(5.16) 式を微分することによって (5.26) 式のように求めることができる。

$$\frac{dY}{dt} = \frac{1}{1-c(1-t)} \frac{-c}{1-c(1-t)} (C_0 - cT_0 + I + G)$$

$$= \frac{-cY}{1-c(1-t)} \qquad (5.26)$$

5. カルドアの消費関数

ニコラス・カルドア（Nicholas Kaldor；1908-86）の消費関数は，まず，国民所得を労働者階層の所得 Y_N と資本家階層の所得 Y_K に分けて，それぞれの所得から消費の大きさが決定されると説明する。

労働者階層の所得は，労働者の平均賃金額 W と雇用量 N の積として次の (5.27) 式のように計算される。

$$Y_N = WN \qquad (5.27)$$

また，資本家階層の所得は資本家の平均利潤額 R と資本量 K の積として，次の (5.28) 式のように計算される。

$$Y_K = RK \qquad (5.28)$$

ここで，国民所得は労働者階層の所得と資本家階層の所得の総和であるから，(5.29) 式の関係が成立する。

$$Y = Y_N + Y_K \qquad (5.29)$$

ここで，労働の所得分配率を $\frac{Y_N}{Y} = \theta$，資本の所得分配率を $\frac{Y_K}{Y} = 1-\theta$ とする。

次に，労働者階層の消費 C_N は労働者階層の所得の増加関数であるから，c_N を労働者階層の限界消費性向とし，C_{N0} を労働者階層の

基礎消費額とすると，消費関数を線形で表すと，次の（5.30）式のように表される。

$$C_N = c_N Y_N + C_{N0} = c_N \theta Y + C_{N0} \tag{5.30}$$

資本家階層の消費 C_K は資本家階層の所得の増加関数であるから，c_K を資本家階層の限界消費性向とし，C_{K0} を資本家階層の基礎消費額とすると，消費関数を線形で表すと，次の（5.31）式のように表される。

$$C_K = c_K Y_K + C_{K0} = c_K(1-\theta)Y + C_{K0} \tag{5.31}$$

ここで，経済全体の消費関数は，$C = C_{N0} + C_{K0}$ であるから，次の（5.32）式のように表される。

$$\begin{aligned} C = C_N + C_K &= c_N Y_N + C_{N0} + c_K Y_K + C_{K0} \\ &= c_N Y_N + c_K Y_K + C = c_N \theta Y + c_K(1-\theta)Y + C \\ &= (c_N \theta + c_K(1-\theta))Y + C \end{aligned} \tag{5.32}$$

一般に労働者階層の限界消費性向は資本家階層の限界消費性向よりも大きいと考えられるので，以下の関係が成立する。

$$c_N > c_K$$

以上のカルドア型の消費関数から，限界消費性向は，次の（5.33）式で表される。

$$\frac{dC}{dY} = c_N \theta + c_K(1-\theta) > 0 \tag{5.33}$$

所得分配率 θ を労働者階層に有利にする（$d\theta > 0$）と，経済全体の限界消費性向は下記のように上昇することが説明されるのである。

$$\frac{d\frac{dC}{dY}}{d\theta} = c_N - c_K > 0$$

6. 消費関数論争とケインズの消費関数

　ケインズは「消費は現在所得に大いに依存する」ことを提案した。それ以来，経済学者たちは消費者たちが異時点間の意思決定に直面していることを主張した。しかし，ケインズは「限界消費性向はゼロと1の間であること，平均消費性向は所得が増加すると下落すること，そして現行の所得が消費の第1番目の決定要因であること」を主張した。家計のデータと短期時系列の研究はこのケインズの推論を成立させた。また長期の時系列の研究は所得が時間を通じて上昇しても平均消費性向が下落する傾向がないことを発見した。消費者は彼らの将来の所得を見通して，ケインズが提案したよりももっと複雑な消費関数を適用することが必要となったのである。すなわち，現在所得の他に，富や予測される将来所得，そして，利子率等である。ここでは現在所得は総消費のたった1つの決定要因にすぎないと強調しているのである[5]。

　経済学者がそれぞれの政策について議論する場合に政策が一致しない原因の1つは異なった消費関数を想定しているからである。

　フィッシャー（I. Fisher）の異時点間の消費理論は，消費は現在の所得のみに依存するのではないことを主張しており，ライフ・サイクル仮説[6]は，一生涯の所得を通常のパターンに従って消費することを説明しているのである。これに対して，恒常所得仮説[7]は年々の所得の不規則で一時的な変化を強調しているのである。しかし，有効需要分析においては，それらは本質的な議論ではないのである。

---

[5] この消費関数についての考察は，第3章で展開したように，ケインズ『一般理論』における消費関数の想定のなかで，すでに議論されているものであった。

[6] ライフ・サイクル仮説とは現在の消費は現在の所得だけではなく，一生涯を通じて得られる所得の総額にも依存するという仮説である。

[7] 恒常所得仮説とは消費水準は今後も同様に得られると予想される平均的な所得の恒常所得に依存するという仮説である。

ケインズの消費関数

　ケインズは『一般理論』の第 8 章「消費性向」において，「もし財政政策が所得のより公平な分配のための裁量的手段として用いられるなら，それが消費性向を増大させる効果はもちろんそれだけいっそう大きい。」(『一般理論』p.95) と説明している。

　戦争が終わって，帰還兵たちが本国に帰り，非軍事産業を中心に経済が復興し，経済が拡大し始めると，若者を中心に雇用が増加し，所得の労働分配率が改善したと考えられるのである。すなわち総需要関数は上方へシフトし，消費性向が上昇するという現象が現れたのである。この消費性向の上昇効果と国民所得の増加による消費性向の低下が相殺しあって，消費性向はほぼ不変のまま推移したことがサイモン・クズネッツ (Simon Smith Kuznets；1901–85) の「平均消費性向は長期的には不変である」という説明につながったと考えられるのである。戦後の経済復興期においては，このような消費性向の上昇効果が雇用の増大と労働分配率の改善の結果として続いたと考えるならば，ケインズの絶対所得仮説に基づく消費関数は最初から正しかったのである。

7. インフレ・ギャップとデフレ・ギャップ

　国民所得が完全雇用を実現している水準で決定されているときの値 Y_F を完全雇用国民所得水準という。総需要の大きさを表す $C(Y) + I_F + G_F$ は完全雇用を実現する総需要曲線である。**図 5.4** において点 B が完全雇用国民所得を実現する総需要曲線と 45 度線の交点であり，このときの均衡国民所得は完全雇用国民所得水準 Y_F である。

(1) デフレ・ギャップ

いま，総需要曲線が $C(Y) + I_D + G_D$ で表されるとき，均衡国民所得は Y_D の値で決定される。このとき，完全雇用国民所得水準 Y_F を基準としてみると有効需要の大きさが BC の幅の分だけ不足していることがわかる。この有効需要の不足分を「デフレ・ギャップ」と呼ぶ。この有効需要の不足分（$= (1 - C)\varDelta Y$）が満たされて「デフレ・ギャップ」が解消されるならば，完全雇用水準を達成することが可能になるのである。このためには，民間投資が拡大されるか，政府による積極的な財政支出政策によって財政支出額を増加させて景気を刺激するか，あるいは減税政策などによる消費の増大を誘発する政策が採用されることが必要になるのである。

(2) インフレ・ギャップ

いま，総需要曲線が $C(Y) + I_I + G_I$ で表されるとき，均衡国民所

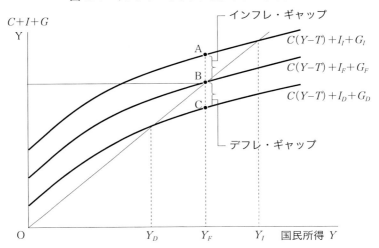

図 5.4 インフレ・ギャップとデフレ・ギャップ

得が Y_1 の値で決定される。完全雇用国民所得水準 Y_F を基準としてみると有効需要の大きさが AB の幅の分だけ超過していることがわかる。

　総需要額が供給額と比較して過剰であることはインフレーションが発生する可能性があると新古典派総合では説明される。この有効需要の過剰分の大きさを「インフレ・ギャップ」と呼ぶ。この有効需要の過剰分である「インフレ・ギャップ」をなくして，インフレ圧力を低下させるためには，財政支出を減少させるか，民間投資の減少を図るか，あるいは増税政策によって消費の拡大を抑える政策を採用することが必要であると説明される。

　しかし，ケインズの『一般理論』においては，所得の増加は，ゆるやかなインフレがともなうと説明されているので，デフレ・ギャップの世界においても所得の増加とともにマイルドインフレーションは起こっている。また完全雇用水準を超えると突然インフレーションが発生するという説明には問題があるのである。

［参考文献］

　　ケインズ，J. M. ／塩野谷祐一訳［1983］『雇用・利子および貨幣の一般理論』東洋経済新報社 (Keynes, J. M.［1936］*The General Theory of Employment, Interestand Money*, The Macmillan Press LTD.)

　　Hicks, J. R.［1937］Mr. Keynes and the "Classics"; A Suggested Interpretation, *Econometrica*, Vol. 5, No. 2, pp.147-159.（「ケインズ氏と「古典派」たち：解釈の一示唆」）

　　Hansen, A. H.［1953］*A Guideto Keynes*.（大石泰彦訳［1956］『ケインズ経済学入門』東京創元社）

　　ヒックス，J. R. ／早坂忠訳［1977］『ケインズ経済学の危機』ダイヤモンド現代選書 (Hicks, J. R.［1974］*The Crisisin Keynesian Economics*.)

第6章 ケインズの投資誘因と利子論
―資本の限界効率と流動性選好の理論―

　有効需要の大きさを知るためには，家計の消費関数についての情報が必要であるように，企業の投資関数についての情報も知らなければならない。すなわち，民間企業の投資がどのようなメカニズムによって，どのような条件のもとで投資の規模が決定されるかについての知識が必要である。本章においては，ケインズの『一般理論』の第11章に従って，投資関数の導出について考える。

1. 資本の限界効率

　ケインズは，『一般理論』において，投資と投資対象としての資本資産との関係について次のように説明している。
　「人が投資物件または資本資産を購入するとき，その資産の存続期間を通じて，それから生ずる産出物を販売して，その産出物を得るための当期の費用を差し引いた後に，獲得できると彼が期待する予想収益の系列に対する権利を買っているのである。」（『一般理論』p.135；下線は引用者）と説明している。いま，「この年金の系列 Q_1, Q_2, ……Q_n を，便宜上投資物件の予想収益（prospective yield）と呼ぶことにする」（p.135）。すなわち，資本資産がもたらすと期待される予想収益（Q_1, Q_2, ……Q_n）に対して投資を行うのである。
　「投資物件の予想収益に対立する用語として資本資産の供給価格（supply price）がある。これはその類型の資産を市場において購入

する際の市場価格を意味するのではなく，製造業者にその資産の付加的1単位を新しく生産させるのに丁度十分な価格，すなわちときおり取替原価（replacement cost）と呼ばれるものを意味する」（『一般理論』p.135；下線は引用者）。1資本資産の予想収益とその供給価格または取替原価との間の関係，すなわちその類型の資本の付加的1単位の予想収益と，その1単位を生産する原価との間の関係は，その類型の資本の限界効率（marginal efficiency of capital）を与える。

すなわち，投資物件の需要価格に対応する資本資産の供給価格とは，取替原価を意味するのである。そして，資本の限界効率とは，「資本資産から存続期間を通じて得られると期待される収益によって与えられる年金の系列の現在価値を，その供給価格に等しくさせる割引率に相当するものであると定義する。これは特定の類型ごとの限界効率を与える。そしてこれらの限界効率の中で最大のものを，資本一般の限界効率と見なすことができる」（『一般理論』pp.133-134；下線は引用者）のである。

ここで資本の限界効率は，その固定資産の収益に対する期待と，当期の供給価格で定義されていることに注意すべきである。それは貨幣が新しく製造された資産に投資されるならば，その貨幣に対して得られると期待される収益率に依存するものであって，投資物件の寿命が終わった後で，その記録を振り返ってみて，その投資物件が原価に対してどれだけの収益をもたらしたかという歴史的な事実に依存するものではない。

（1）類型別資本の限界効率表の概念

ケインズは，資本の限界効率表については，それぞれの資本の類型別に投資の規模の変化に即して，限界効率表が導出できることを

次のように説明している。

「もしある期間内に一定類型の資本に対して投資が増加するならば，その類型の資本の限界効率はそれへの投資が増加するにつれて低下するであろう。その理由は，一つには，その類型の資本の供給が増加するにつれて予想収益が低落するからであり，いま一つには，通常，その類型の資本を生産する設備への圧力がその供給価格を増加させるからである。これら2つの要因のうち第2の要因は，通常短期における均衡を生み出す点において一層重要であるが，観察期間が長くなるほど，第一の要因がそれに代わって重要となる。」(『一般理論』p.136)。

次の**図6.1**は，資本の類型別限界効率表の例である。

「各類型の資本について，限界効率が一定の値に低下するために

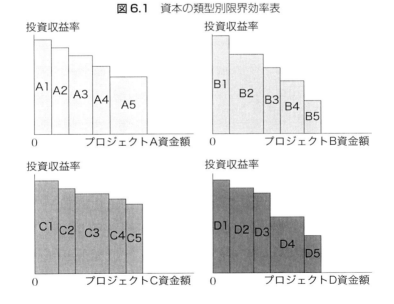

図6.1　資本の類型別限界効率表

は，ある期間内に投資がどれだけ増加しなければならないかを示す1つの表を作り上げることができる。次にすべての異なった類型の資本についてのこれらの表を総括し，総投資額とその投資額によって決定された資本一般の限界効率との関係を示す1つの表を作ることができる。これを投資需要表，あるいはそれと二者択一的に資本の限界効率と呼ぶことにする。」(『一般理論』p.136)

(2) 投資の意思決定

いま，Q_i を，r 時点における1資産からの予想収益として，d_i を現行利子率による i 年後の1ポンドの現在価値だとすれば，$\Sigma Q_i d_i$ はその投資の需要価格である。そして投資は，$\Sigma Q_i d_i$ が以上で定義された投資の供給価格に等しくなるまで続けられるであろう。他方，もし $\Sigma Q_i d_i$ が供給価格を下回るなら，その資産への当期の投資は行われないであろう。すなわち，投資は，一部は投資需要表に依存し，一部は利子率に依存することがわかる。

ここで，$d_i = \dfrac{Q_i}{(1+r)^i}$ であるから，ある企業が新しい資本設備投資を決定するかどうかの意思決定問題について考える。

いま，当該資本設備は n 期間にわたって収益を生むとして，この設備についてのこの企業の需要価格 P_D を求める。各期の予想収益を $Q_i (i=1, 2, \cdots\cdots, n)$，$n$ 期後のこの資本設備の残存価値（Scrapt Value）を S_n とする。この企業が直面する資金の機会費用を r として，市場利子率で表すとすると，この資本設備の需要価格は，次の(6.1)式のように表される。

$$P_D = \frac{Q_1}{1+r} + \frac{Q_2}{(1+r)^2} + \cdots\cdots + \frac{Q_n}{(1+r)^n} + \frac{S_n}{(1+r)^n}$$

$$= \sum_{t=1}^{n} \frac{Q_i}{(1+r)^t} + \frac{S_n}{(1+r)^n} \qquad (6.1)$$

資本設備の需要価格とは，その設備を購入して設置し，稼働させ，それによって生産される商品を販売して得られる収益（Q_1, Q_2, ……, Q_n）と n 期後のこの資本設備の残存価値 S_n を利子率で割り引いた現在価値の合計額として説明される。

この企業がこの資本設備を購入するという意思決定を行うためには，この資本設備の需要価格 P_D がこの資本設備の供給価格 P_S を上回り，資本設備を購入して稼働させ，商品を生産・販売して利益を得ることが必要である。

すなわち，次の（6.2）式が成立するときに，この企業はこの設備に対する投資を決定するのである。

$$P_D > P_S \tag{6.2}$$

この資本設備の需要価格 P_D がこの資本設備の供給価格 P_S を下回る場合には，企業はこの資本設備の購入をしないであろう。

（3）企業と投資関数

以上の議論から，個々の企業にとって有効な投資関数が次の図6.2 のように導出される。

表6.1 は，ある企業の投資プロジェクト A 案，B 案，C 案についての投資費用と毎期の予想収益を比較したものである。3 つのプロジェクトとも，投資費用は今期発生して，来期から無限期間にわたって収益が発生するものと仮定する。この 3 つのプロジェクトの予想収益を対投資費用で計算して予想収益率の高い順に並べると，プロジェクトプ B が 10 ％，プロジェクト A が 8 ％，プロジェクト C が 4 ％ の順になることがわかる[1]。

この企業は投資決定に際して，次の 2 つの要因を考慮しなければならない。1 つは，投資資金の機会費用はいくらか。2 つ目は，投資資金の予算規模はいくらかである。この企業の投資資金の機会費

---

[1] この 10 ％，8 ％，4 ％ は，ケインズの「資本の限界効率」である。すなわち，図6.2，表6.1 はこの企業が直面する資本の限界効率表を表しているのである。

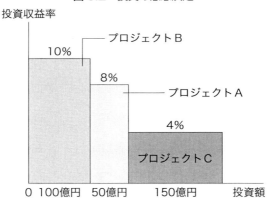

図 6.2 投資の意思決定

表 6.1 投資費用と毎期の予想収益

プロジェクト	投資費用	毎期の予想収益
A	50億円	4億円
B	100億円	10億円
C	150億円	6億円

用が4％未満であり，投資資金が300億円以上であれば，3つのプロジェクトとも投資の対象として採用されるであろう。もし，投資資金の機会費用が年率8％未満，4％以上であり，投資資金が150億円以上あれば，B案とA案の2つの投資プロジェクトが採用されるであろう。もし投資資金費用が10％未満，8％以上であれば，プロジェクトB案だけが採用されるであろう。

2. 資本の限界効率と投資関数の導出

　以上の投資に関する議論をケインズの『一般理論』に基づいて説明する。

　投資需要の大きさは「資本の限界効率」（Marginal Efficiency of Capital）によって決定される。ここで，「資本の限界効率」とは「資本資産から存続期間を通じて得られると期待される収益によって与えられる年金の系列の現在価値を，その供給価格に丁度等しくさせる割引率に相当するもの」（『一般理論』p.133）である。

　いま，供給価格がP_Dである資本設備を購入して，稼働させて商品を生産・販売して見込まれる将来収益の流列を（Q_1, Q_2, ……, Q_n）として，n期後のこの資本設備の残存価値をS_nとする。いま，資本設備の予想収益と資本設備の残存価値S_nの割引現在価値の合計と供給価格P_Sとが等しくなるようにρを割引率として，計算すると，次の（6.3）式の関係が成立する。この式から導出される割引率ρの値を資本の限界効率と定義するのである。

$$P_S = \frac{Q_1}{1+\rho} + \frac{Q_2}{(1+\rho)^2} + \frac{Q_3}{(1+\rho)^3}$$
$$+ \cdots\cdots + \frac{Q_n}{(1+\rho)^n} + \frac{S_n}{(1+r)^n} \tag{6.3}$$

　この割引率ρをケインズは「資本の限界効率」と呼んだのである。この「資本の限界効率」は現存する資本ストック量のもとで，新たな投資によってもたらされる予想収益の増加分の割引現在価値をその資本ストックの増加のコストに等しくするような割引率ρとして計算されるのである。

　この資本の限界効率表は図6.3のK－ρ面にρ曲線として描かれ

ている。この **図6.3** において，縦軸に資本の限界効率 ρ をとり，横軸手前に向かって資本ストック量をとっている。K_0 はこの経済に現存する資本ストック量であり，K_1 は市場利子率が r_0 のときの望ましい資本ストック量である。

企業家の投資決定は，この割引率 ρ が市場利子率 r を上回るときに，すなわち，次の (6.4) 式が成立するときにこの投資計画が決定されることが説明されるのである。

$$\rho \geqq r \tag{6.4}$$

完全な金融市場が存在するならば，企業が必要な資金を調達するために必要な資本コストは市場利子率に等しい。それゆえに企業は資本の限界効率が市場利子率よりも高い限り資本を増加することが有利であると，ケインズは『一般理論』において説明したのである。投資の増大は生産活動の活性化を通して企業の将来の期待収益を増大させるであろう。しかし，追加的な投資による資本の収益率は市

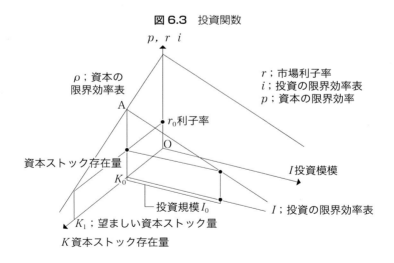

図6.3 投資関数

場のいろいろな条件の変化のもとで,次第に低下すると考えられる。すなわち,投資の増大にともなって,資本設備が増加するに従って,資本ストックの価格が上昇するとか,商品の生産過程において原材料費が上昇するとか,商品の生産量が増加することによって商品の価格が低下するなどの,いろいろな要因によって,将来収益率が低下し,それゆえに資本の限界効率が次第に低下すると考えられるのである。このことから資本の限界効率 ρ は資本ストック K の減少関数であることが説明される。

$\Delta K=I$ であるとすると,資本ストック K の増加分 ΔK は,投資 I によってもたらされることから,資本の限界効率 ρ が資本ストック K の減少関数であるということは,投資 I の減少関数であるとも考えることができるのである。

$$\rho = \rho(K, I) \qquad \rho_K < 0, \quad \rho_I < 0 \qquad (6.5)$$

ケインズの「資本の限界効率表」の説明では,望ましい資本ストック量 K_1 とそのために必要な投資規模(資本ストックの増加分: K_1-K_0)は決定されるが,一定期間にどれだけの投資が行われるか(投資率)というフローの分析が行われていないことがアバ・ラーナー(Abba Ptachaya Lerner;1903-82)によって指摘されたのである。

(1) 投資の限界効率表

投資規模は投資財産業の生産能力や資本設備の稼働状況,そして,投資財市場の状態に依存しており,投資の限界効率は資本ストックの増加の速度に依存して異なったものになるのである。ラーナーは,——ケインズが「類型別資本の限界効率表の概念」において説明したように——「資本の限界効率」と「投資の限界効率」は区別するべきであり,投資は「投資の限界効率」と市場利子率との

関係で決定されることを主張した。このとき，投資が実行されるためには，投資の限界効率 i が市場利子率 r よりも高いことが必要であることが説明されるのである。

図6.4において，縦軸に投資の限界効率 i をとり，横軸右側に向かって投資規模 I をとっている。

いま，現存する資本ストックが K_0 であるときの「投資の限界効率表」は，$K=K_0$ を基準にした「資本の限界効率」の高さである点Aから出発して右側に描かれた I 線として表される。いま，市場利子率が r_0 であるとき，投資の規模は I_0 で決定されるのである。

ここで，$\rho > i_0 = r_0$ である。すなわち，資本の限界効率 ρ は利子率 r_0 よりも高いために投資に利益があることが説明される。それゆえに，利子率 r_0 と投資の限界効率 i_0 が等しくなる規模まで投資が行われることが説明されるのである。この I_0 の大きさは K_0K_1 の幅よりは小さい値である。なぜならば，投資の増大によって資本ストックが増加することによって企業の調整コストが発生することを考慮しなければならないからである。投資額はそのまま資本ストックの増加分にはならないのである[2]。

(2) 投資関数の導出

図6.4から，直観的に投資関数を導出することができる。利子率の上昇は資本の限界効率表の高い位置まで資本ストックの量を減少させ，必要な投資量を減少させることがわかる。現存する資本ストック量における「資本の限界効率表」の値から右側に描かれた「投資の限界効率表」の値と高くなった利子率が等しいところで投資規模を決定するためには投資規模の減少が必要である。現存する資本ストックの規模が大きいほど，資本の限界効率の値は低くなることから望ましい資本ストック量は減少し，望ましい投資規模も減少す

---

[2] 企業拡大の速度に企業の経営能力の成長が追いつかないという「ペンローズ効果」(エディス・ペンローズ Edith Elura Tilton Penrose；1914-96) 等を考慮に入れた企業の投資行動の理論が宇沢弘文やロバート・ルーカス（Robert Emerson Lucas, Jr.；1937-) によって展開された。

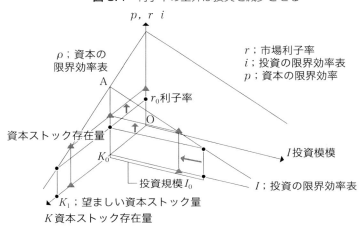

図6.4 利子率の上昇は投資を減少させる

る。また，現存する資本ストック量が大きいほど「投資の限界効率表」はより低い値を出発点とするために投資規模は小さくなることが説明されるのである。すなわち，投資規模を I とし，利子率を r，現存する資本ストック量を K とすると，投資関数は次の（6.6）式のように利子率の減少関数，資本ストックの減少関数，国民所得の増加関数として表されるのである。

$$I = I(r, K, Y) \qquad I_r < 0, \ I_K < 0, \ I_Y > 0 \qquad (6.6)$$

3. IS曲線の導出

以上の資本の限界効率表と投資の限界効率表との説明から，投資 I は利子率 r の減少関数であることが説明された。このことから，生産物市場の均衡条件のもとでは，第1象限に示すように利子率 r と国民所得 Y との間には右下がりの IS 曲線が導出されることが説明

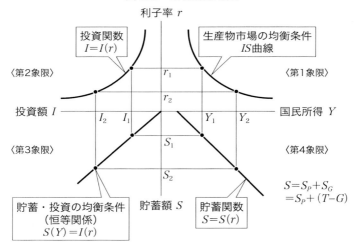

図6.5 IS曲線の導出

される。

いま、図6.5のように、縦軸上方向に市場利子率rをとり、下方向に実質貯蓄額Sをとる。ここで、実質貯蓄額Sは実質貯蓄S_Pと政府実質貯蓄S_Gの合計である。次に、横軸右方向に実質国民所得の大きさYをとり、左方向に実質投資額Iをとる。第2象限は、(6.6)式から、投資Iが利子率rに関して減少関数として描かれている。第4象限は貯蓄関数Sであり、実質国民所得Yの増加とともに、実質貯蓄額Sが増加することが説明されている。

第3象限は、貯蓄Sと投資Iの均衡条件であり、45度線で表される。

(1) 投資意欲の増大によるIS曲線のシフト

いま、図6.6を利用して、民間の投資意欲の増加が投資額を増加させ、IS曲線を右上方向にシフトさせることを説明する。

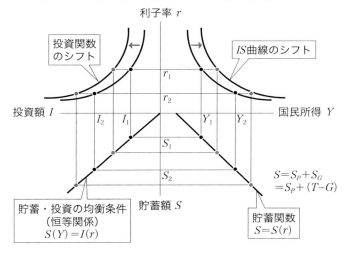

図 6.6 民間の投資意欲の増大による投資関数のシフト

　民間の投資意欲の増大によって，民間の実質投資額が増加した場合について考える。投資意欲の増大は同じ利子率のもとで，実質投資額の大きさを増大させるため，投資曲線は左下にシフトする。増大した実質投資額 I に対応する実質貯蓄額 S をもたらす国民所得の大きさ Y が増大するため，IS 曲線は右上方向にシフトすることが説明されるのである。

（2）景気拡大のための財政政策によるIS曲線のシフト

　有効需要の不足によって景気が停滞している場合に，政府が景気拡大を意図して財政政策を行うならば，図6.7で説明されるように，IS 曲線は右上方向にシフトすることが説明される。

　政府支出の増加（財政政策）（$\Delta G > 0$）は，政府の実質貯蓄の減少（$\Delta S_G < 0$）であり，経済全体の実質貯蓄額を少なくする（$\Delta S < 0$）ために，第 3 象限の貯蓄曲線 S は横軸に近づくことになる。

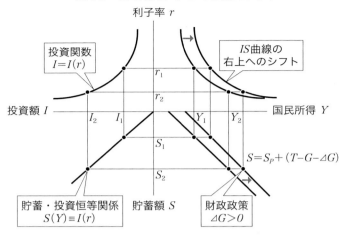

図 6.7 財政政策による IS 曲線のシフト

　すなわち，いままでと同じ規模の実質貯蓄は，より大きな実質国民所得水準に対応することになるのである。このため，実質貯蓄 S と実質投資 I の均衡条件を満たす IS 曲線は右上方向にシフトするのである。

（3）景気引き締めのための増税政策による IS 曲線のシフト

　経済の過熱によって有効需要が過大であることによってインフレ圧力がある経済については，政府が景気縮小を意図して増税政策を行うならば，**図 6.8** で説明されるように，IS 曲線は左下方向にシフトすることが説明される。

　増税による民間の負担増は（$\Delta T > 0$）は，政府の実質貯蓄を増加（$\Delta S_G > 0$）させ，経済全体の実質貯蓄額を増加させる（$\Delta S > 0$）ために，第 3 象限の貯蓄曲線 S は横軸から遠ざかることになる。すなわち，いままでと同じ規模の実質貯蓄は，より少ない実質国民所得

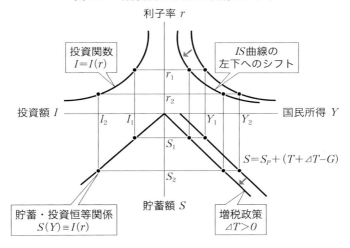

図 6.8 増税政策による IS 曲線のシフト

水準に対応することになるのである．このため，実質貯蓄 S と実質投資 I の均衡条件を満たす IS 曲線は左下方向にシフトするのである．

4. ケインズ的景気循環理論

　以上の分析は，投資の一つの側面である乗数効果についての分析である．マクロ経済学は短期モデルであるという制約もあって，投資のもう1つの側面である生産能力を拡大するという側面に関しては十分配慮されていないのである．

　ここで，ケインズ経済学の動学モデルを考察する場合には，乗数と加速度原理は，総需要の構成項目としての投資の役割として着目しなければならない．

　カルドア（N. Kaldor）は，投資が予想利潤に依存するという想定のもとで，生産水準に依存した粗投資関数を考えた景気循環モデル

を構築した。ここで，各経済変数は「粗」の量とする。つまり，減価償却を考慮して体系を考えることにするのである。次に，負の純投資は存在しない。つまり，粗投資には（マイナス減価償却）という下限が存在する。そして，企業家の目的は利潤の最大化である。投資計画において重要な役割を果たすのは，現在の利潤よりも予想利潤である。カルドアは，この予想利潤が大きいとき投資が大きいと考えたのである。予想利潤を決定する要因としては，産出量Yと資本ストック量Kを考える。

　ここで，図6.9のように，産出量（国民所得）が十分大きな水準では，投資財産業への需要圧力から投資財価格は上昇し，資金調達も困難になる。よって，限界的な所得の増加に対する限界的な投資の増分$\varDelta Y$は適正な産出水準のときに比較して大きくないのである。また，産出量（国民所得）が低い水準では，生産能力が過剰であり，あまり投資する誘因を企業家は感じないのである。よってこの場合も，限界的な所得の増加に対する限界的な投資の増分$\varDelta Y$は適正な産出水準のときに比較して大きくない。

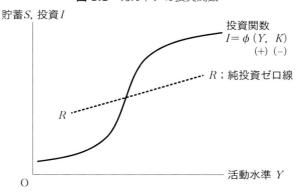

図6.9　カルドアの投資関数

次に，資本 K が増大すると資本 1 単位当たりの産出量は減少するので予想利潤は（現利潤と同様に）低下する。よって，投資量は，資本ストックの減少関数と考えられる。以上の想定から，投資関数は，次の（6.7）式のように表される。

$$I = \phi(Y, K) \tag{6.7}$$
$$(+)(-)$$

ここで，純投資は減価償却を控除した残りの大きさであり，次の（6.8）式のように表される。

$$I = K - \delta K \tag{6.8}$$

以上の説明から，投資関数は，次の図 6.10 のように描かれる。S を貯蓄額，s を平均貯蓄性向として，次のような線形貯蓄関数を次の（6.9）式のように想定する。

$$S = sY \tag{6.9}$$

ここで，均衡産出量 Y は，貯蓄関数 S と投資関数 I の交点 E によって定まる。

点 A は貯蓄と投資が均等している点である。この点は，RR 線の

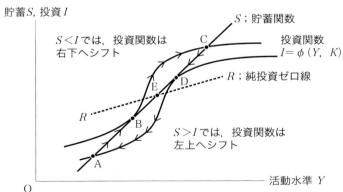

図 6.10　カルドアの景気循環モデル

純投資ゼロ線の下の部分にあるから，純投資が負（マイナス）であるから，資本ストックは次第に減少し，投資関数は左上にシフトすることが説明される。

投資関数の左上シフトは，貯蓄・投資の均等による均衡産出水準を貯蓄関数に沿って右方向に押し上げる。

投資関数の左上シフトによる均衡点が点Bに到達する。さらに資本が減価償却すると，均衡産出量は点Cにジャンプする。

点Cは，純投資ゼロ線の上にあり純投資が正である。資本ストックは次第に増加し，投資関数は右下にシフトする。均衡産出水準は，貯蓄関数に沿って減少し，点Dの産出量水準に到着する。

さらに資本が増加すると均衡産出量は，点Aの水準にジャンプする。

純投資ゼロ線と貯蓄関数の交点（定常均衡）において，投資関数が貯蓄関数を左から右へ切ること，またそれ以外に定常均衡の存在を示すために十分大きな産出に対応する投資および，十分小さな産出に対する投資に対して，投資関数が貯蓄関数を右から左へ切ることが前提にされている。

以上の説明から，投資が予想利潤に依存するという関係から景気循環モデルが説明されるのである。

［参考文献］

ケインズ，J. M. / 塩野谷祐一訳［1983］『雇用・利子および貨幣の一般理論』東洋経済新報社（Keynes, J. M.［1936］*The General Theory of Employment, Interestand Money*, The Macmillan Press LTD.）

Kaldor, N. "A Model of the Trade Cycle", *Economic Journal*, 50, 1940, pp.78–92.

第7章 流動性選好の理論

1. 古典派経済学における貯蓄と投資の関係

ケインズ革命以前の古典派経済学においては,利子率は資金の貸付供給量を表す貯蓄計画表と資金の借入れ需要量を表す投資計画表との関係から,資金市場の均衡条件として決定されると考えられていた。すなわち,古典派経済学において説明された「貸付資金説」である。

(1) 貸付資金説

いま,貯蓄 S は主に家計からの資金の貸付供給量であるから市場利子率 r に関して増加関数として考えられる。また,投資 I は主に企業からの資金の借入れ需要量であるから,市場利子率 r に関して減少関数として考えられる。

資金市場の均衡条件は,$I=S$ で表されるから,市場利子率は,貯蓄曲線 S と投資曲線 I の交点において決定されると考える。

これらの関係をまとめると,次の市場均衡条件式(7.1)式と資金供給計画表としての貯蓄関数(7.2)式,資金需要計画表としての投資関数(7.3)式のように表されます。

$$S = I \tag{7.1}$$

$$S = S(r), \quad S(r) > 0 \tag{7.2}$$

$$I = I(r), \quad I(r) < 0 \tag{7.3}$$

ここで，資金市場の均衡条件は，国民所得を決定する生産物市場の均衡条件からは独立していると考えている。すなわち，貨幣的現象は実物経済とは独立して説明されるという考え方である。このような考え方を「古典派の二分法」という。実物経済（生産物市場）を決定する要因と物価水準を決定する貨幣市場とは別の世界にあるという考え方のことである。このような考え方を「古典派の貨幣ベール観」という。すなわち，貨幣は実質経済を覆うベールであるという考え方であり，貨幣量の変化は，実質経済には影響を及ぼさないとう考え方である。これを古典派経済学においては「貨幣の中立性」と説明した。

いま，**図7.1** のように，横軸に貯蓄額と投資額，縦軸に市場利子率 r をとると，右下がりの投資資金需要表 I と貯蓄資金供給表 S が導出される。

市場利子率が r_A のときの資金需要額は I_A であり，資金供給額は

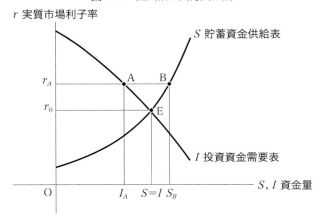

図7.1　古典派の貸付資金説

S_B であり，資金市場において超過供給であるから市場利子率の下落による調整が行われる。市場均衡点は点 E であり，均衡利子率は r_0 で，貯蓄額 S と投資額 I が等しくなることが説明される。

（2）家計の合理的行動；異時点間の消費；今期の消費と来期の消費

新古典派経済学においては，家計は所与の異時点間の予算制約条件式のもとで，効用極大化行動によって異時点間の消費量の組合せを決定すると考える。この結果として貯蓄額が決定されると説明されるのである。

すなわち，いま，消費財の価格は異時点間において所与であり不変であるとすると，家計は一定の市場利子率 r と，異時点間の所得の組合せ（Y_t, Y_{t+1}）のもとで，今期の消費量 C_t と来期の消費量 C_{t+1} を決定する効用極大化行動 U として定式化される。

$$\text{Max.} \quad U = (C_t,\ C_{t+1}) \tag{7.4}$$

$$\text{S. T.} \quad Y_t + \frac{Y_{t+1}}{1+r} = C_t + \frac{C_{t+1}}{1+r} \tag{7.5}$$

このとき，今期の所得と今期の消費量の差が今期の貯蓄額 S であるから，次の（7.6）式のように表される。

$$S_t = Y_t - C_t \tag{7.6}$$

一般的には，平均消費性向は 1 より小であり，$Y_t - C_t$ であるから，貯蓄額 $S_t > 0$ である。家計によっては，平均消費性向が 1 よりも大きい家計もありうる。この場合の家計の貯蓄額は，$S_t < 0$ である。

これを**図 7.2** において，横軸を今期の消費量，縦軸を来期の消費量として表す。点 E_0 は家計の時間選好率（異時点間の消費の代替性）と利子率が等しい場合であり，今期と来期の所得の組合せを表している。$C_{t,0}$ は今期の消費の大きさ C_t であり，$C_{t+1,0}$ は来期の消

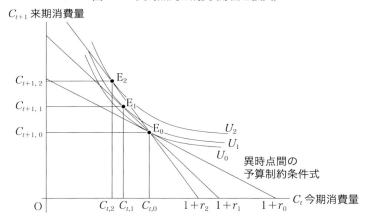

図 7.2 異時点間の消費（貯蓄と投資）

費量 C_{t+1} である。この状態は利子率が $r=0$ の状態，すなわち，貯蓄の意味がない場合について説明している。

利子率が r_0 から，r_1，r_2 と次第に上昇すると，現在財と将来財との選好関係において相対的な価値が変化するために，個人間の時間選好率の変化に対応して，今期の財への消費量が減少して，来期の財への消費量が増加する。すなわち，利子率の上昇にともなって貯蓄量が増加することが説明されるのである。しかし，利子率の一定水準以上の上昇は代替効果よりも所得効果が大きくなるために利子率の上昇とともに変化した貯蓄の増加が止まり，反転して貯蓄は減少し始めるケースが現れるのである。

このとき，**図 7.2** の貯蓄関数は利子率に関して増加関数であるが，一定の利子率以上においては利子率の減少関数となり，貯蓄関数は反転して描かれる。

2. 古典派の貸付資金説批判としての時間割引率

　ケインズは，時間割引率の変化の要因について，『一般理論』において，次のよう説明している。

　時間割引率の変化の「この要因が，ある所得の支出比率に与える影響には，いろいろ疑問の余地があります。古典的な利子理論は，利子が貯蓄の需給を均衡させる要因だ，という発想に基づいていました。だから他の条件が等しいならば，消費支出は金利変化とは負の相関があり，金利が上がれば消費は減少（貯蓄は増加）することになります。しかし，昔から認識されていたように，金利変化が支出意欲に与える総合的な影響は複雑ではっきりせず，それを左右する各種の性向には相反するものもあります。貯蓄の主観動機のうち，一部は金利上昇で満たされ安くなり，一部は逆に弱まるのです。長期的にみると，金利が大きく変われば社会慣習もかなり変わって，主観的な消費性向にも影響します。しかし，それがどちらの方向を向くかは，実際の体験をみない限りはっきりしません。よくある短期的な金利変動は，プラスマイナスいずれの方向でも，支出に直接的な影響はないでしょう。総所得が変わらなければ，金利が5％から4％に下がったからといって，暮らしぶりを変えようという人はいないのです。

　間接的な影響はいろいろありますが，その方向はさまざまです。一定所得からの支出意欲に対する影響として最も重要なのは，証券などの資産価格の上下変動に対して金利がもつ影響かもしれません。手持ちの資本の価値が予想外に増えたら，所得への影響からみればその資本は以前とまったく価値が変わらなくても，その人は当期支出を増やしたくなるのが自然です。そして資本価格が下がったら，

支出する気も薄れるでしょう。」(『一般理論』pp.93-94；下線は引用者)。

この節における説明について，ケインズは後に『一般理論』において,「流動性選好の理論」における「投機的動機に基づく貨幣需要」の説明のヒントとなる要因を説明している。すなわち,「ある所得からの個人の支出に対して金利が与える短期的な影響は，経験的に見ると二次的なものでしかなく比較的些細なものだという結論が示唆されます。しかし，金利変化が大きい場合には話は別かもしれません。金利が大きく下がったら，ある金額で買える年次払い債券と，その金額に対して得られる利息との比率が上昇するので，老後の備えとして年次払い債券を買うのが流行り，それがマイナス貯蓄の重要な源となるかもしれません」(『一般理論』p.94)[1]。

3. 貨幣理論と貨幣数量説

古典派経済学の貨幣理論は,「貨幣数量説」として説明される。貨幣数量説には,「フィッシャーの交換方程式」と「マーシャルのケンブリッジ残高方程式」の2つがある。

(1) フィッシャーの交換方程式

ここで，Mは一定期間における通貨供給量（流通量），Vは貨幣の流通速度，Pは物価水準，Tは取引量とすると「フィッシャーの交換方程式」は，次の（7.7）式のように一定期間の貨幣の取引量を決定する式として説明される。

$$MV \equiv PT \tag{7.7}$$

この関係式は貨幣の提供と受け入れの両側面を表しているので，恒等式として成立する。ここで，貨幣の流通速度を表すVは，社会

---

[1] 「将来とその影響についての極端な不確実性が生じ，それで消費性向が急激な影響を受けるという異常事態も，このくくりのなかにまとめるべきかもしれません。」(『一般理論』p.94)

の支払制度や慣習から決まり短期的には変化しないことが想定される。また，貨幣の総取引量を示す T は，自然的資源や技術によって決定され短期的には変化しないと想定される。貨幣量（通貨供給量）M は，唯一の独立変数である。ある一定期間における財貨の取引総額 PT は，それらの取引で支払われた貨幣の総量は MV となることを説明している。この「フィッシャーの交換方程式」は，古典派経済学の貨幣理論体系の中核をなす学説である。

短期的には，貨幣の流通速度 V と取引量 T は一定であると考えられるため，貨幣量（通貨供給量）M が与えられると物価水準 P が決定されることが説明される。

すなわち，物価安定のためには通貨供給量（マネーサプライ）M をコントロールすることが重要であることが説明されるのである。

(2) マーシャルのケンブリッジ残高方程式

いま，$M =$ 貨幣量（流通量），$k =$ マーシャルの k，$p =$ 物価水準（GNP デフレーター），$y =$ 実質国民所得とする。「マーシャルの k」とは，ある一定時点において人々が貨幣の形態で国民所得のある一定割合を保有したいと考える程度を表しており，右辺は経済全体の貨幣保有の欲求の程度を表している。一定期間の貨幣需要量は，kpy で表され，貨幣市場の需給関係式として考える。

すなわち，マーシャルのケンブリッジ残高方程式は，貨幣市場の均衡条件として，次の（7.8）式で表される。

$$M = kpy \tag{7.8}$$

ここで，「フィッシャーの交換方程式」は貨幣的交換における貨幣量と取引される財・サービスとの間のフロー量としての恒等式関係であり，「マーシャルのケンブリッジ残高方程式」は，貨幣需要方程式と貨幣量との関係を表す式であり，ストック量としての方程式で

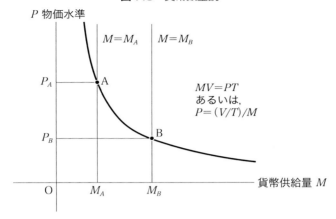

図7.3 貨幣数量説

あることに注意しなければならない。

「貨幣数量説」は，図7.3によって説明することができる。いま，貨幣供給量（実質残高）がM_Aのとき，物価水準はP_Aで決定され，貨幣供給量（実質残高）がM_Bのとき，物価水準はP_Bで決定される。

つまり，貨幣供給量が少ないとき（M_A），物価水準は上がり（P_A），貨幣供給量が多いとき（M_B）は，物価水準は下がる（P_B）ことがわかる。

（3）両理論は本質的に同じ理論

物価水準（GNPデフレーター）pは，総取引量の平均価格Pとの間に一定の関係があると想定されることから，$p = \alpha P$と表される。また，実質国民所得yは総取引量Tと一定の関係にあるから，$y = \beta T$で表される。この関係を交換された貨幣量を表す「フィッシャーの交換方程式」(7.7)式に代入すると，次の(7.9)式の関係が成立する。

$$M = k(\alpha P)(\beta T) \tag{7.9}$$

ここで，$V = \dfrac{1}{k\alpha\beta}$ とおくと，(7.8) 式の貨幣需要関数としての「マーシャルのケンブリッジ現金残高方程式」が導出されるのである。

$$M = kpy \Leftrightarrow M\dfrac{1}{k\alpha\beta} = PT \Leftrightarrow MV \fallingdotseq PT \tag{7.7}$$

すなわち，「フィッシャーの交換方程式」から，「マーシャルのケンブリッジ現金残高方程式」を導出することができるのである。

このことは，統計概念としてのフロー量としての貨幣数量説と貨幣市場分析型のストック量としてのケンブリッジ現金残高方程式を同一視するという危険な理論である。

4. 新貨幣数量説

ケインズ革命を経た今日，ケインズ経済学批判で終始したマネタリストは単純なフィッシャー型の「貨幣数量説」ではなく，ケインズの流動性選好の理論をも包含するようなマーシャル型の「新貨幣数量説」をミルトン・フリードマン（Milton Friedman；1912-2006）は次の (7.10) 式のように提唱している。

$$M = f(y,\ \omega,\ r_m,\ r_b,\ r_e,\ \pi^e;u) \tag{7.10}$$

ここで，y；恒常所得，ω；富のなかの物的資本の割合，r_m；貨幣の名目収益率，r_b；債券の名目収益率，r_e；持分券の名目収益率，π^e；期待インフレ率，u；その他の変数からの影響，である。これは経済理論のなきフリードマンの統計学的罠であった。

5. ケインズの流動性選好の理論

　資産の保有形態としては，現金（貨幣保有）の他に高い収益性をもつ株式や債券，証券，定期性預金などがある。現金はそれ自体なんら収益を生まないものであるのになぜ人々は現金を保有するのだろうか。この問いに対してケインズは，利子はその流動性を手放すことに対する代償であると説明する。すなわち，貨幣は高い流動性ゆえに保有されるのである。ここで，流動性とは「損失なしに短期間の通告によって換金できる性質の資産」をいう[2]。

　ケインズの「流動性選好の理論」においては，利子率は貨幣の需給状態によって決定されると説明される。この利子率の水準が投資の大きさに影響を及ぼし，この投資規模が有効需要の大きさを決定することを通じて，貨幣量の変動が経済の実物面に影響を及ぼすことを説明しているのである。

（1）貨幣需要と流動性選好理論

　ケインズは貨幣保有の動機を次の3つに分類した。①「取引的動機に基づく貨幣需要」（transaction motive）と②「予備的動機に基づく貨幣需要」（precautionary motive）また，③「投機的動機に基づく貨幣需要」（speculative motive）である。

①取引的動機に基づく貨幣需要

　「取引的動機に基づく貨幣需要」とは，家計や企業の経常的な取引のための貨幣需要である。この貨幣需要は収入と支出のタイミングのズレによって生ずると説明することができる。企業は日常的な生産・販売活動にともなって売り上げ代金を回収し収入を得るが，

---

[2] 貨幣の実質収益率は$-\pi$（マイナス・インフレ率）であり，貨幣を保有することの機会費用は預金金利などの利子率である。

同時に原材料の仕入れや代金の支払いや賃金俸給の支払い、銀行への利子や元本の支払い、借入元本の一部返済のために、常に一定額の貨幣を保有することが必要である。このように企業の日常的な取引においては収入の時期と支払いの時期が常に一致するとは限らない。このタイミングのズレを埋めるために常に一定の額の貨幣が必要となる。このような貨幣需要額は取引量・取引額、すなわち、経済活動の水準に比例すると考えることができる。

同様に家計においては、賃金・俸給等の所得を稼得して、次の収入を得るまでの期間にわたって経済活動にともなう支出が必要である。その期間に保有する貨幣が家計の貨幣保有となる。家計の貨幣需要は家計の所得、すなわち、経済活動の水準に比例すると考えることができるであろう。

②予備的動機に基づく貨幣需要

「予備的動機に基づく貨幣需要」とは、将来の予想しない支払いに備えて保有する貨幣需要である。この大きさは「取引的動機に基づく貨幣需要」と同様に経済活動の水準に比例すると考えることができる。

所得動機に基づく貨幣需要

この「取引的動機に基づく貨幣需要」と「予備的動機に基づく貨幣需要」の合計は、「所得動機に基づく貨幣需要」と呼ばれ、その大きさは $L1$ と表す。この貨幣需要は、国民所得 Y の増加関数として次の（7.11）式のように定義される。

$$L_1 = L_1(Y) \qquad L_1'(Y) > 0 \qquad (7.11)$$

日常の経済活動を円滑に行うためには、一定の貨幣を手元にもつ必要がある。また、経済活動水準が高まれば、より多くの貨幣が必

要であることを説明しているのである。

③投機的動機に基づく貨幣需要

「投機的動機に基づく貨幣需要」は資産としての貨幣保有動機である。この貨幣の需要動機は，ある債券価格が下落したときに債券を購入するならば将来債権価格の上昇によって利益を得ることができると予想するために，現在時点では債券を保有せずに，将来の債券購入を目的として貨幣を保有しようとするものである。

いま，簡単化のために毎期1円の利子を生む確定利付き永久債券（コンソル債券）を考える。このコンソル債券の市場価格 P_B は市場利子率 r の逆数に等しくなることが次の（7.12）式によって説明される。

$$P_B = \frac{1}{1+r} + \frac{1}{(1+r)^2} + \frac{1}{(1+r)^3} + \cdots\cdots + \frac{1}{(1+r)^n}$$
$$= \frac{1}{r} \qquad (7.12)$$

すなわち，現行の利子率 r の上昇は債券価格 P_B を下落させ，利子率 r の下落は債券価格 P_B を上昇させることが説明される。

同様に債券の将来期待価格 P_B^E は，期待利子率 r^E の逆数として（7.13）式のように表される。

$$P_B^E = \frac{1}{r^E} \qquad (7.13)$$

市場は本来安定的に正常状態にあると考えるという意味で，「静学的期待」を前提に考えるならば，現行の市場利子率 r の上昇（下落）は，同時に人々に将来の市場利子率の復元を前提に予想市場利子率 r^E の低下（上昇）を期待させると考えることができる。その結果キャピタル・ゲイン（キャピタル・ロス）が発生すると考えるた

めに債券需要が上昇（下落）して，投機的動機に基づく貨幣需要が減少（増加）するのである。

すなわち，「投機的動機に基づく貨幣需要」の大きさをL_2で表し，市場利子率をrとすると，L_2はrの減少関数として，次の（7.14）式のように定義されるのである。

$$L_2 = L_2(r), \quad L_2'(r) < 0 \tag{7.14}$$

ここで，市場利子率が非常に低い水準では貨幣需要は無限大となる。これは，この利子率の水準では債券価格が上限に達している（債券が売れなくなる）と考えられるために，債券価格はやがて暴落するであろうという期待（金利の上昇の期待）から，債券保有からの収益がマイナスになることを恐れて，「投機的動機に基づく貨幣需要」が無限大になることを意味しているのである。この関係は次の（7.15）式のように説明される。

$$\frac{dL_2}{dr}_{r=r0} \to \infty \tag{7.15}$$

このように貨幣需要の利子率に関する感応度が無限大になる部分は「ケインズの罠（ケインズ・トラップ）」とか「流動性の罠」（liquidity trap）と呼ばれる。

(2) ボーモル＝トービン・モデル

所得動機に基づく貨幣需要L_1は国民所得yの増加関数であると説明した。しかし，利子を生まない状態で貨幣を保有する期間を長くすることは，経済学的には合理的行動ではないことになる。保有額を節約して銀行に預けるならば利子を生むという貨幣を保有するということは，機会費用としての利子収入を考慮すべきであるという考え方が，ウィリアム・ボーモル（William Jack Baumol；1922-2017）とジェームズ・トービン（James Tobin；1918-2002）の

「取引動機仮説」である。

　貨幣保有の収益性とはその利便性である。すなわち，財・サービスの購入の際に銀行に行って貨幣を引き出す不便を避けるために貨幣を保有すると説明されるのである。この利便性の費用は銀行の預金口座に残しておけば得られる利子収入である。

　いま，ある個人の1年間の収入が年に一度銀行に振り込まれ，そのうちの Y の額を引き出して支出すると考える。彼は1年間に銀行に N 回行って貨幣を口座から引き落とすと考える。このときの彼の貨幣についての現金保有額は $\frac{Y}{2N}$ である。利子率を i とすると，失われた利子収入は $\frac{iY}{2N}$ になる。ここで，F を銀行から一定額の貨幣を引き出すときの費用とすると，総費用は引き出す回数×費用であるから，FN である。ここで，彼の総費用 C は，失われた利子費用と銀行から引き出すための費用の合計である。この銀行へ預金引き出しに向かう回数と機会費用との関係は次の（7.16）式で表すことができる。

$$C = \frac{iY}{2N} + FN \tag{7.16}$$

　この式を彼が1年間に銀行に行く回数 N 回について微分してゼロとおくことによって，最適回数 N_E を（7.17）式のように導出することができる。

$$\frac{dC}{dN} = -\frac{iY}{2N^2} + F = 0 \tag{7.17}$$

$$N_E = \sqrt{\frac{iY}{2F}} \tag{7.18}$$

　また，貨幣の最適保有額は，次の（7.19）式のように計算することができる。

$$\frac{Y}{2N_E} = \frac{Y}{2\sqrt{\dfrac{iY}{2F}}} = \sqrt{\frac{FY}{2i}} \qquad (7.19)$$

　このことから，銀行からの引き出し費用Fが大きいほど，また総支出額Yが大きいほど，そして利子率iが低いほど，貨幣保有額が大きくなることが説明されるのである[3]。

(3) 貨幣市場の均衡条件

　貨幣市場の均衡条件式は，貨幣供給量Mが一定のもとで，ケインズの「流動性選好理論」によって，右上がりの曲線として表される（流動性の罠の状態では水平である）。

【貨幣市場均衡条件】	$\dfrac{M}{P} = L$	(7.20)
【貨幣需要】	$L = L_1 + L_2$	(7.21)
【所得動機に基づく貨幣需要】	$L_1 = L_1(Y),\ L_1'(Y) > 0$	(7.22)
【投機的動機に基づく貨幣需要】	$L_2 = L_2(r),\ L_2'(r) < 0$	(7.23)
【名目貨幣供給量】	$M = M_0$	(7.24)
【物価水準】	$P = P_0$	(7.25)

　いま，物価水準を（7.25）式のように一定所与として，予備的動機と取引的動機に基づく貨幣需要を表す（7.22）式，投機的動機に基づく貨幣需要を表す（7.23）式，名目貨幣供給量を表す（7.24）式を貨幣市場の均衡条件を表す（7.20）式に代入すると，貨幣市場の均衡条件を実現するための国民所得Yと市場利子率rの関係は，次の（7.26）式のように説明することができる[4]。

---

[3] このモデルは，貨幣的資産（現金と当座預金）と非貨幣的資産（株式と債券）との間の資産選択の理論として説明することもできる。この場合iは貨幣的資産の収益率と非貨幣的資産の収益率との差異であり，Fは非貨幣的資産を貨幣的資産に返還する時の費用である。

[4] マーシャルのケンブリッジ残高方程式におけるマーシャルのkを利子率の減少関数として考えるとこの式が導出されることになる。

流動性選好の理論　第7章

$$\frac{M}{P} = L_1(Y) + L_2(r) = L(Y, r) \qquad (7.26)$$

この(7.26)式の関係は，貨幣供給量（実質残高）Mが一定不変のもとで貨幣市場が均衡するためには，「所得動機に基づく貨幣需要」L_1の増加（減少）に対しては「投機的動機に基づく貨幣需要」L_2が同額だけ減少（増加）することが必要であることを示しているのである。

(4) LM曲線の導出

上の(7.21)式を全微分して整理することによって，貨幣市場の均衡条件について市場利子率rと国民所得Yとの関係を説明することができる。

いま，名目貨幣供給量Mが一定であり，物価水準が一定であるとすると，実質貨幣供給量は一定であるから，実質需要関数を微分すると0である。予備的動機と取引的動機に基づく貨幣需要L_1を国民所得Yで偏微分した値をL_{1Y}，投機的動機に基づく貨幣需要L_2を市場利子率rに関して微分した値をL_{2r}とすると(7.21)式は，次のように表すことができる。

$$0 = L_{1Y}dY + L_{2r}dr$$

この式を整理すると，次の(7.27)式が導出される。

$$\frac{dY}{dr} = -\frac{L_{2r}}{L_{1Y}} \geq 0 \qquad (7.27)$$

すなわち，市場利子率rは国民所得Yの増加関数であることが説明される。

① LM曲線

貨幣市場と証券市場の均衡条件を表すLM曲線は，**図7.4**のよう

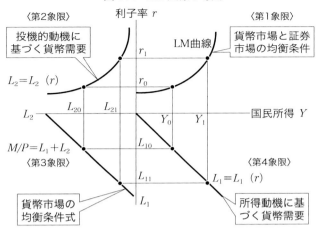

図7.4 LM曲線の導出

にして導出される。すなわち，縦軸上方向に市場利子率rをとり，下方向に所得動機（予備的動機・取引的動機）に基づく貨幣需要L_1をとる。次に，横軸右方向に実質国民所得の大きさYをとり，左方向に投機的動機に基づく貨幣需要L_2をとる。第2象限に縦軸を市場利子率r，横軸を国民所得Yとして，(7.23)式の投機的動機に基づく貨幣需要関数$L_2=L_2(r)$をとり，L_2が市場利子率rに関して減少関数として描かれている。第4象限は所得動機（予備的動機・取引的動機）に基づく貨幣需要を表す$L_1=L_1(Y)$をとると，L_1が実質国民所得Yの増加関数であることが描かれている。

第3象限は，貨幣市場の需給均衡条件である$\dfrac{M}{P}=L_1+L_2$をとる。横軸と縦軸の切片は貨幣の実質残高（貨幣供給量）であり，切片からの45度線として表される。この3つの曲線の関係から，第1象限に右上がりのLM曲線を導出することができるのである。

いま，国民所得がY_0のとき，所得動機（予備的動機・取引的動

機）に基づく貨幣需要の大きさは L_{10} であり，投機的動機に基づく貨幣需要の大きさは L_{20} であるとき，市場利子率が r_0 のときに貨幣市場と証券市場の2つの市場が同時に均衡することが説明される。

国民所得が Y_0 よりも大きな Y_1 であるとき，所得動機（予備的動機・取引的動機）に基づく貨幣需要の大きさは L_{11} であり，投機的動機に基づく貨幣需要の大きさは L_{21} であるとき，市場利子率は r_0 よりも高い水準の r_1 であるときに2つの市場均衡が実現される。以上の均衡条件から，LM曲線は右上がりの曲線として導出されるのである。

②貨幣供給量の増加によるLM曲線のシフト

金融緩和政策などにより，貨幣供給量（実質残高）が増加すると図7.5において，第3象限において L_1+L_2 曲線が外側（左下）に拡大する。

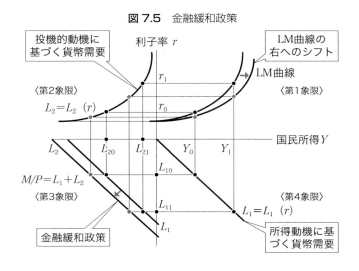

図 7.5　金融緩和政策

所与の所得水準 Y のもとで，所得動機（予備的動機・取引的動機）の貨幣需要量 L_1 は一定所与となる。残りの貨幣量は，投機的動機に基づく貨幣需要量 L_2 となるために，利子率が上昇し投機的動機に基づく貨幣需要量を増加させなければならないために，LM 曲線は右方向にシフトすることが説明されるのである。

　すなわち，金融緩和政策は利子率を低下させる効果が説明され，逆に金融引き締め政策は利子率を上昇させる効果が説明されるのである。

[参考文献]

　ケインズ，J. M. / 塩野谷祐一訳［1983］『雇用・利子および貨幣の一般理論』東洋経済新報社（Keynes, J. M. [1936] *The General Theory of Employment, Interest and Money*, The Macmillan Press LTD.）

第8章 一般均衡体系としての マクロ・モデル
―IS・LMモデル―

　新古典派経済学体系としてのケインズ的マクロ経済モデルとは，経済全体を生産物市場と貨幣市場，債券市場，労働市場の4つの市場からなる一般均衡体系として考える。

　ここで，ケインズの有効需要の原理を受け入れて，労働市場は他の3つの市場とのフィードバックのメカニズムは存在しないという仮定を入れて，4つの市場均衡分析から労働市場の均衡条件を外して，3市場の一般均衡体系として考えるのが，ヒックス＝ハンセン流のIS・LMモデルである。このIS・LM分析は，今日の世界の経済学の一般的な考え方である。

　ヒックス（J. R. Hicks）は，自身の論文（Mr. Keynes and the "Classics":A Suggested Interpretation）において2本の曲線"SI-LL"を描いてこれらのマクロ経済学の体系を説明した。この彼の論文が今日のIS・LMモデルの始まりである。ヒックスの"SI-LL"曲線は，その後，IS・LMモデルとして有名になり，ケインズ派に転向したハンセン（A. H. Hansen）によって，*Monetary Theory and Fiscal Policy*（1949年）と *A Guide to Keynes*（1953年）によって経済学の教育の場に広められたのである。IS・LMモデルは大学における教育装置として威力を発揮し，「図式説明としては経済学で考案されたなかで最も効率のよいものの一つだ」と言われているのである。しかし，そのモデル自体には，後のヒックスによる自己批判を待つまでもなく深刻な問題があった。それはモデルとしての内的

な一貫性の不備の問題であり，ケインズ理論自身の表現方法としての問題でもあったのである。

この章においては，イギリスのヒックス[1]とアメリカのハンセンによるこのようなヒックス＝ハンセン流の新古典派経済学のIS・LMモデルの前提に従って各経済主体の予算制約条件について考える。

1. 予算制約条件とワルラス法則

（1）家計の予算制約

いま，現行貨幣賃金率Wは所与であるとして，労働供給計画量をN_Sとする。企業からの利潤分配受け取り額をΠ，生産物の市場価格をP，実質消費計画量をC，家計の実質貨幣残高需要をL，家計の租税支払額をT_H，公債の保有計画量をB_G，民間が発行する証券の保有計画量をB，貨幣の保有計画額をMとすると，家計の予算制約式は，次の（8.1）式のように表される。

$$WN_S + \Pi + M_0 + B_{G0} + B_{F0} \\ = PC + L + \frac{1}{r}(\Delta B_G + \Delta B_F) + PT_H \tag{8.1}$$

ここで，B_{G0}とB_{F0}は，それぞれの債券を保有することから得られる利子収入であり，各証券は利子が1円となるように単位が設定されているとする。また，$\Delta B_G = B_{GD} - B_{G0}$，$\Delta B_F = B_{FD} - B_{F0}$であり，それぞれの値が正の場合には，それぞれ公債・民間の証券の需要（購入計画）を，負の場合には供給（販売計画）を表している。また，rは市場利子率であり，その逆数は債券価格である。

（2）企業の予算制約条件

Yは一定期間における国内総生産量（国民所得），Iは企業の投資

---

[1] ヒックス自身は，「自分は新しい経済学は何も創り出してはいない，大陸学派やケインズ学派のアイデアを定式化して伝達し，自分自身の歴史的，哲学的，実務的な考察を加えただけだ」と主張している。IS・LMモデルを改めて考えるとき，この意味は重要である。それゆえにヒックスはケインズ経済学を有益で刺激的なモデル分析として拡張し，その過程で新古典派経済学をも大きく変質させてしまったのである。

計画額，B_{FS} は企業による証券の新規発行計画額，N_D は労働需要計画量，T_F は企業の租税支払額とすると，企業の予算制約式は，次の（8.2）式のように表される。

$$PY + \frac{1}{r}\varDelta B_{FS} = WN_D + PI + \Pi + B_{F0} + PT_F \qquad (8.2)$$

（3）政府の予算制約条件

また，政府支出を G，貨幣供給増加量を $\varDelta M$ とすると，政府の予算制約式は，次の（8.3）式のように表される。

$$P(T_H + T_F)\frac{1}{r} + \varDelta B_{GS} + \varDelta M = PG + B_{G0} \qquad (8.3)$$

ここで，$\varDelta M = M - M_0$ であり，その値が正であれば貨幣供給量の増加，負であれば貨幣供給量の減少を表している。

（4）ワルラス法則

政府が発行する公債 B_{GS} と民間企業が発行する証券 BFS との間の完全代替性を仮定すると，証券総額 B_S は，$B_D = B_{GD} + B_{FD}$，$B_S = B_{GS} + B_{FS}$ とし，また，$T = T_H + T_F$ を考慮して，以上の各経済主体の予算制約式（8.1）式，と（8.2）式，（8.3）式の各辺を合計すると，次の（8.4）式のように表される。

$$P(C + I + G - Y) + (L - M) + \frac{1}{r}(B_D - B_S) + W(N_D - N_S)$$
　（生産物市場）　（貨幣市場）（債券市場）　　（労働市場）
$$(8.4)$$

この（8.4）式は，経済全体の取引状態を表す4つの市場の超過需要額の合計はゼロに等しいという意味で「ワルラス法則」を示している。すなわち，4つの市場のなかで，任意の3つの市場の均衡状態が説明されれば，残りの1つの市場も均衡状態であることから，

独立的な方程式は3本であることが説明されるのである。

2. ケインズ的マクロ・モデルとワルラス法則

　ケインズのマクロ経済学においては，労働市場における賃金率による価格調整原理は機能しないと説明されており，労働市場から他の市場均衡状態へのフィードバックも機能しないと説明されている。なぜならば，雇用量は有効需要の大きさによって決定されることが説明されているからである。したがってケインズ的な非自発的失業の存在を前提としたマクロ経済学的な一般均衡体系においては，他の3つの市場が均衡状態にあれば，労働市場は従属的に決定されることになり，生産物市場と貨幣市場，債券市場からなる一般均衡体系を考えなければならないのである。このとき労働市場の均衡条件を外した「ワルラス法則」は次の(8.5)式のように書き改められる。

$$P(C+I+G-Y) + (L-M) + \frac{1}{r}(B_D - B_S) \qquad (8.5)$$
（生産物市場）　（貨幣市場）（債券市場）

　この場合の「ワルラス法則」とは，これら3つの市場のなかで，任意の2つの市場の均衡状態が説明されれば，残りの市場も均衡状態であることから，独立的な方程式は2本であることが説明される。すなわち，生産物市場と貨幣市場の2つの市場分析，IS・LM分析，によって3市場の同時均衡状態が分析可能となるのである。

　以下においては，生産物価格Pは一定不変であると仮定して[2]，債券市場を貨幣市場の裏側の関係として生産物市場と貨幣市場の2市場の一般均衡体系について，国民所得Yと利子率rの決定について考えることにする[3]。

---

[2] ケインズの有効需要の原理においては，総供給関数・曲線の導出過程において雇用の増加は物価の上昇をともなうことが説明されている。

[3] ケインズのオリジナル・モデルにおいては，物価水準は一定所与ではなく，雇用量の増加とともに上昇することが想定されている。

3. ケインズ的 IS・LM モデル

　ヒックス＝ハンセン流の IS・LM モデルは，ケインズの有効需要の原理から労働市場の実質賃金率の調整機能が機能しないことを前提とした分析であるから，生産物市場と債券市場，貨幣市場の 3 市場同時均衡モデルとして説明される。「ワルラス法則」によって，1 つの市場は非独立であるから，2 マクロ経済モデルは 2 市場の同時均衡分析にみえるのである。しかし，3 市場の同時均衡モデルであることに注意しなければならない。

（1）生産物市場の均衡条件

　生産物市場の均衡条件式は，次の（8.6）式から（8.9）式のように定義される。

【生産物市場均衡条件】　　$Y = C + I + G$ 　　　　　　　　（8.6）

【消費関数】　　　　　　　$C = C(Y - T),\ 0 < C_Y < 1$ 　　（8.7）

【投資関数】　　　　　　　$I = I(r),\ I_r < 0$ 　　　　　　　（8.8）

【政府支出】　　　　　　　$G = G_0$ 　　　　　　　　　　　（8.9）

　（8.7）式と（8.8）式，（8.9）式を（8.6）式に代入すると，国民所得は（8.6′）式を満たす値として決定される。

$$Y = C(Y - T) + I(r) + G \tag{8.6′}$$

　家計の貯蓄の定義式より，$S_P = Y - T - C$ である。ここで，政府貯蓄 S_G は租税収入 − 政府支出（$= T - G$）であるから，経済全体の貯蓄 S は民間貯蓄 S_P と政府貯蓄 S_G の合計として次の（8.10）式のように計算することができる。

$$S = S_P + S_G = (Y - T - C) + (T - G) = Y - C - G = I \tag{8.10}$$

すなわち、生産物市場の均衡条件（8.6）式と消費関数（8.7）式との関係から導出される貯蓄関数である。この式は、生産物市場の均衡条件（8.6）式と貯蓄Sと投資Iの均衡条件式（8.10）式が同じ式であることを説明しているのである[4]。

① IS曲線の導出

生産物市場の均衡条件（8.6）式を変形すると、次の（8.10′）式が得られる。

$$S_P(Y-T) + T = I(r) + G \qquad (8.10′)$$

この（8.10′）式を国民所得Yと市場利子率rとに関して微分して整理すると、次の（8.10″）式が導出される。

$$\left.\frac{dr}{dY}\right|_{IS} = \frac{S_{PY}}{I_r} < 0 \qquad (8.10″)$$

横軸に国民所得Y、縦軸に市場利子率rをとると、生産物市場の均衡条件（貯蓄と投資の均等式）を表すIS曲線は右下がりであることが説明されるのである。

② 貯蓄と投資の恒等式と双子の赤字

ヒックス＝ハンセン流のIS・LMモデルは、本来、封鎖経済モデルであるため、ここでは貯蓄と投資の恒等関係について、開放体系モデル（オープン・マクロ・モデル）（第10章参照）を使うと、次の（8.11）式のように説明される。

$$\begin{aligned}
S &\equiv S_P + S_G + S_F \\
&= (Y - T - C) + (T - G) + (X - I_M) \\
&\equiv Y - C - G + X - IM \equiv I
\end{aligned} \qquad (8.11)$$

ここでS_Pは民間の貯蓄、S_Gは政府貯蓄、S_Fは対外貯蓄である。この関係から、$S - I = (T - G) + (X - IM)$ が成立する。

---

[4] ケインズは、本来、貯蓄と投資の恒等式（$S \equiv I$）を説明しているのであるが、新古典派経済学においては、生産物市場の均衡条件（$S = I$）を説明している。

すなわち，貯蓄と投資の恒等関係，$S \equiv I$ のもとで，政府の財政赤字（$T-G<0$）と貿易収支の赤字（$X-IM<0$）が同時に成立することが説明されるのである。すなわち，「双子の赤字」とは双方が独立した現象ではなく，同一の要因から同時に財政赤字と貿易収支赤字が発生することが説明されるのである[5]。

4. 貨幣市場の均衡条件

貨幣市場の均衡条件式は，貨幣供給量 M が一定のもとで，ケインズの「流動性選好説」によって，右上がりの曲線として表される（流動性の罠の状態では水平である）[6]。

【貨幣市場均衡条件】　　　　$\dfrac{M}{P} = L$ 　　　　(8.12)

【貨幣需要】　　　　$L = L_1 + L_2$ 　　　　(8.13)

【所得動機に基づく貨幣需要】　$L_1 = L_1(Y), \ L_{1Y}(Y) > 0$
　　　　　　　　　　　　　　　　　　　　　　　　(8.14)

【投機的動機に基づく貨幣需要】$L_2 = L_2(r), \ L_{2r}(r) < 0$
　　　　　　　　　　　　　　　　　　　　　　　　(8.15)

【名目貨幣供給量】　　　　$M = M_0$ 　　　　(8.16)

【物価水準】　　　　$P = P_0$ 　　　　(8.17)

ケインズの「流動性選好説」に基づく貨幣需要には，「所得動機に基づく貨幣需要」L_1（「予備的動機に基づく貨幣需要」と「取引的動機に基づく貨幣需要」の合計）は国民所得 Y の増加関数として定義される。また，「投機的動機に基づく貨幣需要」L_2 は利子率 r の減少関数として定義される。

いま，(8.13) 式と (8.14) 式，(8.15) 式，(8.16) 式，(8.17) 式を (8.12) 式に代入すると，貨幣市場の均衡を実現するための国

5　この財政赤字と貿易収支の赤字という「双子の赤字」の原因は，アメリカ合衆国の米ドルが国際基軸通貨であること自体にその原因があるのである。なぜならば，基軸通貨国の貨幣が外貨準備として保有されるから，米国の貿易収支が赤字になり，同時に，米国政府の財政が赤字になるのである。

6　この経済に流通している貨幣量 M の問題は，預金準備率が 100％ であることを前提とした LM 曲線の議論であることが問題である。なぜならば，景気の動向と預金準備率との関係は重要であるにもかかわらず，IS・LM 分析においては，その分析は不可能なのである。

民所得 Y と利子率 r の関係を（8.18）式のように導出することができる。

$$\frac{M}{P} = L(Y, r) \tag{8.18}$$

この（8.18）式の関係は、貨幣供給量（実質残高）が一定不変のもとで貨幣市場が均衡するためには、「所得動機に基づく貨幣需要」の増加（減少）に対しては「投機的動機に基づく貨幣需要」が同額だけ減少（増加）することが必要であることを示している。

LM 曲線の導出

貨幣市場の均衡条件は、次の（8.12′）式のように説明される。

$$\frac{M}{P} = L(Y, r) \tag{8.12′}$$

貨幣市場の均衡条件を表す（8.12′）式を国民所得 Y と市場利子率 r とに関して微分して整理すると、次の（8.12″）式が導出される。

$$\left.\frac{dr}{dY}\right|_{LM} = -\frac{L_Y}{L_r} \geqq 0 \tag{8.12″}$$

横軸に国民所得 Y、縦軸に市場利子率 r をとると、貨幣市場の均衡条件を表す LM 曲線は右上がりであることが説明されるのである。また、「流動性の罠」（「ケインズ・トラップ」）の状態では、投機的動機に基づく貨幣需要が無限（$L_r \to \infty$）になることが説明されるために、この LM 曲線は利子率の下限の位置において水平に描かれるのである。

5. 生産物市場と貨幣市場の同時均衡 ─IS・LM モデル─

IS・LM モデルは、生産物市場と貨幣市場（債券市場との関係で定

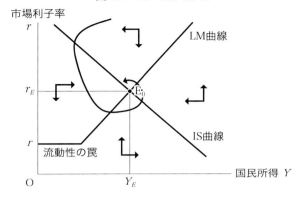

図8.1 IS・LM モデル

義）の 3 市場の同時均衡条件として，次の (8.10-1) 式と (8.12′-1) 式の 2 つの連立方程式の解として説明されるのである。すなわち，均衡所得水準 Y_E と均衡市場利子率 r_E が決定されるのである。

$$S(Y_E) = I(r_E) \tag{8.10-1}$$

$$\frac{M}{P} = L(Y_E,\ r_E) \tag{8.12′-1}$$

いま，**図8.1** のように，横軸に国民所得水準 Y，縦軸に市場利子率 r をとると，(8.10-1) 式は IS 曲線を，(8.12′-1) 式は LM 曲線を描くことができる。この 2 つの曲線の交点 E_0 においてマクロ経済の均衡点 (Y_E, r_E) が説明されるのである。

（1）比較静学分析—財政政策と金融政策の効果—

上の節までで，マクロ経済均衡の存在条件が説明された。このマクロ経済均衡状態を政策によって変更するためにはマクロ経済均衡の存在条件と安定条件が必要であり，その前提で外政変数としての政策変数の変化がマクロ経済均衡にどのような影響を与えるかを説

明しなければならない。このような分析方法を新古典派経済学においては「比較静学分析」と呼ばれている。「比較静学分析」とはもとの市場均衡状態が定常状態であり、経済の一時的な変動はやがてもとの均衡状態に戻ることが期待される経済状態という意味である。

ここでは、この「比較静学分析」手法を用いて、財政金融政策の効果について説明する。

マクロ経済の均衡状態は（8.10-1）式と（8.12'-1）式の連立方程式を解くことによって得られた。**図8.1**より、マクロ経済均衡点が第1象限内に存在することは非負条件を満たすこと（$r \geqq 0, Y \geqq 0$）である。この非負条件とは、国民所得水準が非負（0以上の実数）である、市場利子率が非負であるという意味であり、それぞれのマクロ経済均衡点の値が経済的に意味のあることを保証するという意味である。この非負条件はIS曲線とLM曲線が第1象限内に存在するために、その両曲線の交点であるマクロ経済均衡点も第1象限内に存在することから、すでに証明済みである。

次に、マクロ経済政策の有効性について議論するためには、財政政策のパラメータGと租税政策のパラメータT、金融政策のパラメータMが必要である。このため、（8.10-1）式と（8.12'-1）を変形して、次の（8.10-2）式と（8.12'-1）式のように表現する。

$$S(Y_E - T) + T = I(r_E) + G \tag{8.10-2}$$

$$\frac{M}{P} = L(Y_E, \ r_E) \tag{8.12'-1}$$

（2）安定条件

このマクロ・モデルにおいて経済的に意味がある均衡解が存在することは保証されているので、次にこの体系の安定条件について考える。いま、（8.10-2）式と（8.12'-1）式で表されるこの経済モデ

ルの体系を，所得水準 Y と利子率 r との調整モデルとして，次の (8.19) 式と (8.20) 式のような微分方程式体系で表されると考える。ここで，各市場の調整速度は 1 であると仮定する。

$$\dot{Y} = [I(r) + G - S(Y-T) - T] \qquad (8.19)$$
$$\dot{r} = [L(Y, r) - M] \qquad (8.20)$$

この微分方程式体系を均衡近傍において線形化することによって，次のような線形の微分方程式体系として表される。

$$\dot{Y} = -s(Y-Y_E) + I_r(r-r_E) \qquad (8.19\text{-}1)$$
$$\dot{r} = L_Y(Y-Y_E) + L_r(r-r_E) \qquad (8.20\text{-}1)$$

この微分方程式の特性方程式は，次のように求められることから，均衡解が安定条件を満たすためには λ の係数と行列式が正であれば保証される。

$$\begin{vmatrix} -s-\lambda & I_r \\ L_Y & L_r-\lambda \end{vmatrix} = 0 \qquad (8.21)$$
$$\lambda^2 + (s-L_r)\lambda - sL_r - I_rL_Y = 0$$

すなわち，限界貯蓄性向 s と投資の利子弾力性 L_r と，流動性選好 (L_r, L_Y) についてのこれまでの仮定から，この体系から導出される均衡解は安定条件を満たすことが証明される。

$$\lambda_1 + \lambda_2 = -(s-L_r) < 0 \qquad (8.22)$$
$$\lambda_1 \lambda_2 = -sL_r - I_rL_Y > 0$$
$$\lambda_1 < 0, \quad \lambda_2 < 0 \qquad (8.23)$$

以上の結論から，マクロ・モデルの均衡解 (Y_E, r_E) は均衡近傍において「第一種の安定条件」を満たすことが証明されるのである。

このような安定条件については，国民所得と市場利子率の調整過程について，**図8.1** の矢印のように表される。すなわち，任意の経済状態から出発して，経済はやがて均衡点に収れんすることが説明されるのである。

以上の説明により，マクロ経済の解の存在条件と，安定条件が満たされることから，各マクロ経済政策の効果について分析を行うことができるのである。

6. 比較静学分析

　この (8.19) 式と (8.20) 式を連立方程式として国民所得 Y と市場利子率 r とに関して，微分して整理すると次の (8.24) 式のように表される。

$$\begin{bmatrix} S_Y & -I_r \\ L_Y & L_r \end{bmatrix} \begin{bmatrix} dY \\ dr \end{bmatrix} = \begin{bmatrix} dG - cdT \\ dM - dP \end{bmatrix} \qquad (8.24)$$

　この (8.24) 式を解くことによって，次の (8.25) 式を導出することができる。この式によって政策変数の変化に応じて，国民所得 Y と市場利子率 r がどのように影響を受けるかをみることができる。

$$\begin{bmatrix} dY \\ dr \end{bmatrix} = \begin{bmatrix} S_Y & -I_r \\ L_Y & L_r \end{bmatrix}^{-1} \begin{bmatrix} dG - cdT \\ dM - dP \end{bmatrix}$$

$$= \frac{1}{D} \begin{bmatrix} L_r & I_r \\ -L_Y & S_Y \end{bmatrix} \begin{bmatrix} dG - cdT \\ dM - dP \end{bmatrix} \qquad (8.25)$$

　ここで，$D = L_r S_Y + I_r L_Y < 0$ である。なぜならばマクロ・モデルの性質から，$L_r < 0,\ 0 < S_Y < 1,\ I_r < 0,\ L_Y > 0$ であるからである[7]。

(1) 財政政策

　政府支出の増大による財政政策 ($\varDelta G > 0$) は，次のように表される。

　(8.25) 式を財政支出の変化 $\varDelta G$ の効果としてまとめると，次の (8.25-1) 式のように表される。

---

[7] これは，先の安定条件で説明された $\lambda_1 \lambda_2 = -(L_r S_Y + I_r L_Y) > 0$ と同値であり，安定条件を満たしている。

$$\begin{bmatrix} \dfrac{dY}{dG} \\ \dfrac{dr}{dG} \end{bmatrix} = \dfrac{1}{D} \begin{bmatrix} L_r \\ -L_Y \end{bmatrix} \begin{matrix} >0 \\ >0 \end{matrix} \qquad (8.25\text{-}1)$$

　すなわち，図8.2のように国民所得は Y_0 から Y_1 へと増加し，市場利子率は r_0 から r_1 へ上昇する。このとき，市場利子率が r_0 から r_1 へ上昇することによって民間投資が減少するために，国民所得が Y_{01} から Y_1 へ減少するという「クラウディング・アウト効果」（財政支出が民間投資を押し出す効果）が生じるのである。

①マクロ均衡が流動性の罠の状態のときの財政政策

　図8.2より，マクロ経済均衡点が「流動性の罠（ケインズ・トラップ）」上にある点Aであるときに，財政政策を行うとIS曲線が右にシフトすることによって，市場利子率 r_L は不変のままで均衡点は点

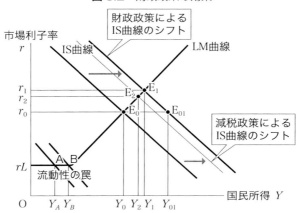

図8.2　財政政策の効果

Bまで移動して，国民所得水準は Y_A から Y_B に上昇するのである。

②増税政策の効果

消費の過熱状態を抑えて有効需要を縮小させようとする増税政策（$\Delta T > 0$）は，増税の効果によって，国民の可処分所得を減少させ，消費を減少させて，有効需要を縮小させる効果がある。この政策は**図8.3**において，IS曲線を財政政策とは逆の方向に，つまり左下にシフトさせるので，国民所得水準は Y_0 から Y_3 へと低下させ，市場利子率は r_0 から r_3 へと低下させるのである。このため増税政策は有効需要縮小政策として有効である。

(8.25) 式を租税の変化ΔTの効果としてまとめると，次の (8.25-2) 式のように表される。

$$\begin{bmatrix} \dfrac{dY}{dT} \\ \dfrac{dr}{dT} \end{bmatrix} = \dfrac{1}{D} \begin{bmatrix} -cL_r \\ cL_Y \end{bmatrix} \begin{matrix} < 0 \\ < 0 \end{matrix} \qquad (8.25\text{-}2)$$

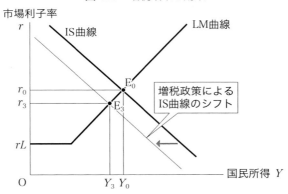

図8.3 増税政策の効果

③均衡財政政策の効果

均衡財政政策が国民所得と市場利子率に与える影響は，財政政策の効果と増税税政策の効果を同時に行ったときの効果として説明することができる。すなわち，(8.25-1) 式と (8.25-2) 式より，次のように導出される。

$$\frac{dY}{dG} + \frac{dY}{dT} = \frac{1}{D} L_r - \frac{1}{D} cL_r = \frac{(1-c)L_r}{L_r S_Y + I_r L_Y} > 0 \qquad (8.26)$$

ここで，利子率が一定不変であると仮定すると，$I_r = 0$ より，上の式は 1 となり，「均衡予算乗数定理は 1」であることが説明されるのである。

④減税政策の効果

消費を増大させて有効需要を拡大するための減税政策（$\Delta T < 0$）は，減税の効果によって，国民の可処分所得を増加させ，消費を増加させて，有効需要を拡大させる効果がある。財政政策の効果と比較すると，国民所得水準についての経済政策効果は小さいと考えられる。また，財政政策と同様に市場利子率の上昇を反映して，民間企業の投資行動においては「クラウディング・アウト効果」が発生する。

ここで，$\frac{dY}{dT} = -\frac{1}{D} cL_r < 0$ は増税政策の効果を説明するものである。減税政策の場合は，$\Delta T < 0$ であることを考慮して，$-\frac{dY}{dT} = \frac{1}{D} cL_r > 0$ として表される。市場利子率の変化についても同様に説明することができる。すなわち，$-\frac{dr}{dT} = -\frac{1}{D} cL_Y > 0$ である。

(2) 金融緩和政策

いま，中央銀行（日本銀行）の金融緩和政策によって，貨幣供給量を増加（$\Delta M > 0$）させることによって，図 8.4 のように LM 曲

線を右側にシフトさせることができる。

これは、貨幣供給量の増加によって、投機的動機に基づく貨幣需要量L_2が一定所与であるならば、予備的動機と取引的動機に基づく貨幣需要量L_1が増加して、その大きさに対応する国民所得の増加（$\varDelta Y > 0$）が必要であるから、LM曲線が右側にシフトすることが説明されるのである。

あるいは、貨幣供給量の増加によって、予備的動機と取引的動機に基づく貨幣需要量L_1が一定であるならば、投機的動機に基づく貨幣需要量L_2が増加するために市場利子率の低下（$\varDelta r < 0$）が必要であることを説明しているのである。

一定の国民所得水準Yのもとでは、予備的動機と取引的動機に基づく貨幣需要量L_1は一定であるから、貨幣市場の均衡条件を維持するためには、貨幣供給量の増加分$\varDelta M$は、投機的動機に基づく貨幣需要量L_2の増加分$\varDelta L_2$とならなければならない。そのためには、証券価格の上昇（$\varDelta \frac{1}{r} > 0$）によって投機的動機に基づく貨幣需要量$L_2$が増加する必要がある。この証券価格の上昇のためには市場利子率

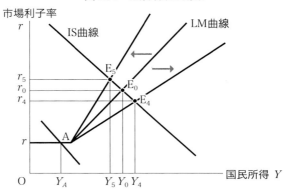

図8.4　金融政策の効果

r の下落（$\Delta r<0$）が必要である。このようにして，貨幣供給量の増加 ΔM は市場利子率 r が下落すること（$\Delta r<0$）によって，貨幣市場と証券市場の同時均衡が達成されることが説明されるのである。

金融緩和政策は，貨幣供給量を増加（$\Delta M>0$）させて，利子率を低下（$\Delta r<0$）させ，投資を増大させることによって景気を刺激する政策である。この金融緩和政策は，図 8.4 において，LM 曲線を右方へシフトさせるのである。

しかし，マクロ経済が点 Y_A のように「流動性の罠（ケインズ・トラップ）」上にある場合には，貨幣供給量の増加によっては均衡国民所得水準には影響がないため，国民所得は Y_A のままで不変であるため金融政策は無効である。

(8.25) 式を金融緩和政策のための貨幣供給量の増加 ΔM の効果としてまとめると，次の（8.25-3）式のように表される。

$$\begin{bmatrix} \dfrac{dY}{dM} \\ \dfrac{dr}{dM} \end{bmatrix} = \dfrac{1}{D} \begin{bmatrix} I_r \\ S_Y \end{bmatrix} \begin{matrix} >0 \\ <0 \end{matrix} \qquad (8.25\text{-}3)$$

(3) 金融引き締め政策

金融引き締め政策は，貨幣供給量を減少（$\Delta M<0$）させて，利子率を上昇（$\Delta r>0$）させることによって金融を引き締める政策よって LM 曲線を左へシフトさせるために国民所得水準は低下し，市場利子率は上昇する。

この金融引き締め政策の効果は，次のように説明することができる。

(8.25) 式を金融引き締め政策のための貨幣供給量の減少 ΔM の効果としてまとめると，(8.25-3′) 式の $dM<0$ として表すことが

できる。

$$\begin{bmatrix} -\dfrac{dY}{dM} \\ -\dfrac{dr}{dM} \end{bmatrix} = -\dfrac{1}{D} \begin{bmatrix} I_r \\ S_Y \end{bmatrix} \begin{matrix} >0 \\ <0 \end{matrix} \qquad (8.25\text{--}3')$$

すなわち，国民所得の減少と市場利子率の上昇が導かれるのである。

(4) 金融政策の方法

中央銀行が貨幣供給量をコントロールするための金融政策の手段には，①公開市場操作，②公定歩合操作，③預金準備率操作の3つの政策手段がある。

①公開市場操作

公開市場操作（open market operation）とは，中央銀行が有価証券（主として，国債，債券や手形）を直接的または間接的に公開市場で売買することによって市中の貨幣量（マネタリー・ベース，ハイパワード・マネー）を増減させ，市中の流動性（$\varDelta M$）の大きさに影響を与えて市場利子率に影響を与えようとするものである。

手形や国債の売買による「公開市場操作」には，金融緩和政策のための「買いオペレーション」と金融引き締め政策のための「売りオペレーション」がある。

買いオペレーション

「買いオペレーション」とは，中央銀行が国債や証券・手形を市中銀行から強制的に購入して，国債や証券・手形の購入代金を市中銀行の中央銀行にある口座に振り込むことにより，市中銀行としての

民間銀行の中央銀行預け金が増加して，市中のマネタリー・ベースを増加させて金融緩和を図る政策である。

しかし，市中銀行が日本銀行（日銀）にある当座預金を民間企業等への貸出に向けないならば金融緩和政策は失敗するのである[8]。

売りオペレーション

「売りオペレーション」とは，中央銀行が国債や証券・手形を市中銀行に強制的に売却することによって，国債や証券・手形の売却代金を市中銀行の中央銀行にある口座から引き落とすことによって，民間銀行の中央銀行預け金が減少して，市中のマネタリー・ベースを減少させて市場利子率を高くするための政策であり，金融引き締めを図る政策である。

②公定歩合操作

公定歩合操作（official discount rate control）とは，中央銀行が市中銀行に対して貸出しを行う際の割引率（discount rate；利子率，公定歩合）を変更することによって，市中における資金の供給量を調整しようとする政策である。具体的には市中銀行が企業の手形を割り引いて保有している手形を中央銀行が再び割り引くという意味での手形の再割引率を変更することによって，市中銀行の資金の借入れ費用を変化させて，市中銀行の貸出しや証券投資に影響を与えようとする政策である。この手形の再割引率を公定歩合という。

貨幣供給量の制限を目的として行われる金融引き締め政策の場合は，公定歩合を引き上げて中央銀行の貸出しを減少させ，これにともなって市中銀行の民間に対する資金供給の制限を余儀なくさせる政策である。逆に金融緩和政策の場合には公定歩合を引き下げて中央銀行貸出しの増加を通じて，市中銀行による民間貸出しの増加を

---

[8] アベノミクス下の日銀の買いオペレーションではこのような現象が現れており，金融緩和政策が失敗しているのである。

促す政策である。

③預金準備率操作

預金準備率操作（reserve requirement control）は支払準備率操作ともいわれる。市中銀行が預金額に対して一定の額を中央銀行の口座に保有するべきであるという最低支払準備率を変更することによって，市中銀行の貸出し規制をしようとするものである。すなわち，法定準備率を変更することによって市中銀行の信用創造を量的に調整し，市中の貨幣供給量に影響を与えとするものである。

金融緩和政策の場合には，預金準備率を下げて市中銀行の民間への貸出しを増加させる政策である。また，金融引き締め政策の場合には，預金準備率を上げて市中銀行の民間への貸出しを制限しようとする政策である。

しかし，中央銀行が設定する預金勘定に対する一定率の預金準備を要求しても，実際の準備率がそれを超えることは自由であるから，預金準備率政策は，事実上は，金融引き締め時に公定歩合政策を補助する一手段とみなされているといわれている。なぜならば，中央銀行が一方において貸出しを制限しながら，他方において，準備率を引き上げる政策を採用するならば，市中銀行の対民間貸出しをそれだけ抑制する効果が強められるからである。

（5）財政金融政策の効果と政策効果の遅れ

以上で説明した財政金融政策等のマクロ経済政策が有効であるためには，それぞれの政策が適切な時期に正しい方法によって速やかに採用され，実施されなければならない。しかし，実際の経済運営において経済政策の実施を必要とする事態が発生してから，①政策当局によって経済政策の必要性が認識されるまで，また，②実際に

その政策が実施されるまで，そして，③その政策が実施されて政策効果が実際の経済に現れるまでには，かなりの「遅れ」(lag) が存在するのである。

第1の遅れは，「認知ラグ」と呼ばれ，政策の実施あるいは変更が必要であるような事態が生じてから，この状態を政策当局によって認識されるまでの遅れである。これは，政策当局の情報収集能力や分析能力・判断能力などによる遅れであり，政策当局のもつ予想の不確実性にも依存するものである。

第2の遅れは，「実施ラグ」と呼ばれ，政策の実施や変更の必要性が認識されてからその政策が実際に実施あるいは変更されるまでの遅れである。この遅れは金融政策の場合は相対的に短いと考えられているが，財政政策の場合には，予算とその決定による議会の承認と議決が必要であるために，政治過程に依存する不確実な遅れと官僚制度や政策当局による固有の遅れなどがある。

第3の遅れは，「効果ラグ」と呼ばれ，政策が実施あるいは変更されてから実際の経済に効果が現れるまでの遅れである。財政政策の場合には家計の可処分所得を変更させて消費に直接的に影響を与えたり，民間企業の投資水準に直接影響を与えたりするので，この遅れは比較的短いと考えられている。金融政策の場合には市場の金利体系に影響を与えて，その金利体系が家計のポートフォリオや民間企業の投資支出に影響を与えるために比較的大きく，ある程度不確実であると考えられている。この「効果ラグ」はそれぞれの経済体系にとつて固有の遅れをもつものである。

財政政策と金融政策の効果について，どちらの政策効果の遅れが短いか長いかを一般論として判断するのは容易ではない。経済状態の予測の誤りは政策効果を正反対にすることもあり，また，政策効果の「ラグ」に対する政策当局の予測や判断が誤っていれば，政策

実施のタイミングを逸することもあるのである。また，このような政策実施を必要としない場合や，あるいは，そのような経済政策の実施は経済状態を不安定化する場合もあるのである。

7. IS・LMモデルの限界と経済学の停滞

　本章で説明されたIS・LMモデルの生みの親はヒックスである。後に，このIS・LMモデルを再考察したヒックスは，1974年に，『ケインズ経済学の危機』(*The Crisis in Keynesian Economics*；1974年）を発表して[9]，IS・LMモデル分析の限界と危険性について説明したが米国を中心とした現役の経済学者の評価を得ることができなかった。

　その後，ヒックスは「IS-LM：説明」(IS-LM:An explanation, *Journal of Post Keynesian Economics*, Vol. 3；1980年）を出してケインズ経済学の新展開を説明したが受け入れられることはなかったのである[10]。

[参考文献]

　　ケインズ，J. M. / 塩野谷祐一訳［1983］『雇用・利子および貨幣の一般理論』東洋経済新報社 (Keynes, J. M.［1936］*The General Theory of Employment, Interest and Money*, The Macmillan Press LTD.)

　　Hicks, J. R.［1937］Mr. Keynes and the "Classics"; A Suggested Interpretation, *Econometrica*, Vol. 5, No. 2, pp.147–159.（「ケインズ氏と「古典派」たち：解釈の一示唆」）

　　Hicks, J. R.［1974］*The Crisis in Keynesian Economics*.（早坂忠訳［1977］『ケインズ経済学の危機』ダイヤモンド現代選書）

　　Hicks, J. R.［1980］IS-LM:An explanation, *Journal of Post Keynesian Economics*, Vol. 3.)

---

[9] ヒックスは，1974年の『ケインズ経済学の危機』において，ヒックスはまさに自分自身が誕生に貢献した新古典派ケインズ総合の前提や手法，理論を糾弾した。そして，もっとケインズ経済派としての新しい理論の発展が必要であることを主張した。

[10] この1980年論文「IS-LM：説明」など（1981-3, 1984, 1988）で，ヒックスはその後の一生を，分析手法や経済学史の研究を中心にして研究を進めた。

第9章 公共事業の意義とケインズ経済学
―社会資本と公共事業・ポリシー・ミックス―

　かつて，人々の生活は，自然との共生のなかで成り立っていた。海の民と山の民との間には，「塩の道」や「川の道」[1]があり，海の民の生活と山の民の生活が交易によってつながっていた。人々は，地域と地域の連携のなかで生活を営んでいたのである。この時代の人々の生活にとって道や交易は社会資本であった。

　青森県の三内丸山遺跡で発見された糸魚川（新潟県）の翡翠は，越前（現在の福井県北部）の糸魚川と青森県の三内丸山遺跡との間に「海路」の交易があった証拠として説明されている。津軽民謡「津軽ハイヤ節」や「津軽アイヤ節」「津軽ジョンカラ節」は薩摩民謡「おはら節」や阿波の「阿波踊り」と同様に，天草の「牛深ハイヤ節」が弁財船（べざいせん）による交易（北前船）の跡として日本各地の港々に民謡を伝え，その民謡が変形して地元の民謡となって変形して，湊と湊の生活とともに交易の跡をとどめているのである。地域と地域の特産物が弁財船によって運ばれて地域経済の発展の源となっていたのである。このような海による交易の利益が網野義彦教授の中世の「金持ちの水呑百姓」の理解を産んだのである。それは，経済活動によってリスクをとる人々が利益を得て資本家になるシステムであった。

　このように人々は自然と共生していたのである。人と自然はお互いの交流のなかから互いに高めあい共存共栄を果たしていた。しかし，農業生活重視の人々は自然から生産物を奪い，自然の地味を弱

---

[1] 川の上流域と中流域，あるいは下流域との間を河川の舟運が結んだ道のことである。このような川の道を分断したのはダムであり，堰の建設である。川の道を維持しながら，川の環境も守り，ダムの存在も否定しない方法は，河川の本川でのダム建設は止めて，支川における揚水発電ダム建設である。

体化して，やがて自然からの恵みである美味しい水や安全な空気を枯渇させようとしているのである。「地方創生の課題」は，人々と自然との共生が再認識されなければならない時代であることを十分に認識しなければならないのである。

1. 政府の機能としての社会資本建設

(1) 社会資本

　資本主義経済は自由企業制度を建前とした経済である。しかし，あらゆる種類の財・サービスの供給が民間企業の経済活動によって有効に行われるとは限らない。スミス（A. Smith）は「ある種の公共事業および公共施設の設立と維持」は，政府の不可欠な機能の1つであるとして，次のように説明している。「公共施設と公共事業を設立し維持することである。その施設と事業とは，社会にとっては最高度に有利ではありうるが，その利潤が，どの一個人または少数の個人にとっても，費用を回収することはありえず，したがってまた一個人または少数の個人が設立し維持することは期待し得ない性質のものである。この義務の遂行もまた，社会の時期が違えば，非常に違った程度の経費を必要とする。」（アダム＝スミス，水田洋監訳，杉山忠平訳，『国富論3』p.395，岩波文庫）

　ある種の資本施設が社会全般に広く便益を及ぼし，しかもこの便益提供の一部もしくは全部に対して，貨幣的収益の形で供給者が報酬を得ることができないとき，この種の施設に対する投資の「社会的利益」（social benefits）は「個人的利益」（private benefits）を超過する。こうした性質の投資は「外部経済効果」（external-economic effects）をもつものであり，民間企業の営利採算を基礎としては適切な規模で形成されることは不可能であり，税収増加を

背景とした公共的投資によって行われなければならない。

このように公共投資によって建設される社会資本は，一般に「社会的共通資本」(social overhead capital) あるいは「政府資本」(Government capital) と呼ばれている。この社会資本の分類は，道路，鉄道，港湾，空港などの輸送施設と郵便，電信，電話などの通信施設，水道および工業用水，生活用水，電力，ガスなどとそのエネルギー供給施設，官公庁の建物，消防や警察などの「経済的共通資本」(economic overhead capital) と，学校その他の教育施設や生活環境および病院や保健所等の公衆衛生のための施設等の「狭義の社会的共通資本」(strictly social overhead capital) とに分けられている。

これら社会的共通資本の多くは，その便益が広く社会全般に及び，サービス価格の形でその資金を回収することは困難である。これらの資本施設はすべてについて必ずしも国有国営の形で採用されなければならないということではなく，国家が資本の調達について特別の便宜を与え，施設の運営について公的規制を加えることが必要になると考えられているのである。

(2) 公共財

公共財とは，その便益を多くの個人が同時に享受でき，しかもその利益は費用負担者だけに限定できないような財である。このような公共財は市場原理の価格調整メカニズムによる資源配分の調整力が機能しない財である。それは国防，警察，消防などをはじめ橋，道路，港湾などの産業基盤あるいは，公園，図書館，下水道などの生活環境施設の便益の大部分を包括している。

一般の私的財については各経済主体がそれぞれ個別的に購入し，これを排他的に消費するのに対して，公共財の利用はその社会のす

べての人々によって「共同的」に行われ，その便益を多くの個人が同時に享受でき，しかも対価の支払者だけに限定できない財・サービスなのである。

2. 公共事業の経済効果

(1) 公共事業

　公共事業とは，一般に国または地方公共団体の予算で行う社会公共の利益を図るための公共的な事業をいい，道路や港湾，空港の整備，河川の改修や治山がその例として挙げられる。

　日本経済の歴史を顧みると，公共事業はある意味では地方経済発展の原動力であり，政治的にも経済的にも地域間競争・地域開発の戦略として利用されてきたのである[2]。しかし，それは，同時に地方の一部の地域に政治・経済における一極集中が生じる元凶でもあった。公共財の生産・供給については，その便益を多くの個人が同時に享受でき，その利用を対価の支払者にだけに限定できないという性質があることから「フリー・ライダーの矛盾」が発生することになるのである。それゆえに，公共財の供給を市場原理に委ねることには種々の問題が発生することになる。

　「フリー・ライダーの矛盾」を排除するために，都市における混雑による効率低下を避けるために「受益者負担原則」と「受益者平等化」との都市内の内部における矛盾の問題を解決する議論と同様のレベルで，①「地方の高速道路の建設費用を東京が払うのは不平等である」とか，②「赤字ローカル線は都市部に生活する者にとっては無駄な負担である」とかいう議論を「フリー・ライダーの矛盾」として議論することは理論の矮小化・歪曲化であり，そのような議論を背景として，③選挙投票権の地域格差問題についても「効率性

---

[2] 戦後の日本経済においては，中央に強い首長と弱い首長の存在によって地域間格差を助長してきた要因でもあるということができる。

基準」のような格差基準を採用するべきであるといった議論は「視野狭窄の政策論」である。このような浅薄な考え方[3]には資源配分・所得分配において「市場の失敗」を助長し「異時点間の問題」を生じさせる危険があるのである[4]。

(2) ケインズ政策と公共事業

　ケインズは,『雇用・利子および貨幣の一般理論』において, 資本主義経済の重要なシステムである市場原理による価格調整メカニズムだけでは, 経済全体の「有効需要」が不足する傾向にあること, それゆえに完全雇用は自動的には達成できないという意味で「市場の失敗」を説明したのである。

　ケインズはこの「有効需要の不足」を解消するために政府の赤字財政政策の必要性を説き, 不況期に公共事業を実施することによって経済の安定を図るべきであると主張したのである。しかし, 彼は「有効需要拡大政策」について, 生産・供給能力の増加をともなう資本形成には反対であった。なぜならば, 非自発的失業の存在は経済全体の生産能力が過剰であることから生ずると認識していたからである。過剰生産能力によって発生している非自発的失業を減少させるために生産能力を増強することは矛盾するからである。

　すなわち, ケインズは, 有効需要が不足する原因は, 大きな富の蓄積によって, 資本の限界効率が急激に低下しており, 自由放任を基調とする経済状態においては, 雇用の適度な水準の達成を阻害すると考えるのである。

(3) ケインズの有効需要政策の効果と限界

　社会資本の形成によって, 外部経済効果が発生されれば, 企業の費用関数は低下し, 経済全体の集計的供給曲線も低下する。所与の

---

[3] 地方の高速道路や鉄道の多くは, 東京・大阪等の大都市圏に速やかに生鮮食料品を送るために建設されているのであり, 決して地方のために建設されているのではないからである。

[4] たとえば, かつて国土庁が提唱した「新しい全国総合開発計画」は「流域圏構想に基づいた全国総合開発計画」であり, 今日の地球環境問題の諸課題を解決するためにも大事な経済政策の指針であった。

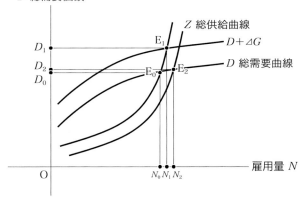

図9.1　有効需要拡大政策とその効果

総需要曲線のもとでの総供給曲線の低下は総需要曲線上に沿って有効需要を増大させて，雇用量を増加させる。これが「正しい公共事業」のあり方である。

ケインズの有効需要拡大政策は，図9.1において説明される。すなわち，財政政策によって総需要曲線が上方へシフトし，経済の有効需要点が点E_0から点E_1へと移動することによって，雇用量がN_0からN_1へと増加すると説明される。

このような政府の赤字財政政策が続けられる期間は限られた期間であり，総需要曲線の上方へのシフトは一時的なものである。なぜならば，累積的な赤字財政政策は政府債務を累積させるためにやがて政府の歳出の硬直化（財政硬直化）が発生することになり，このような積極的財政政策を続けることは困難となり，有効需要点は点E_1から点E_0へと戻り，再び失業者が増大するのである。

このような財政赤字政策が実行されている間に，民間投資の回復

が実現できれば，雇用水準の維持は可能である。しかし，民間投資の回復が実現しない場合には再び財政政策が必要となり，やがて政府の累積債務の問題だけが残ることになるのである。

　富の分布が偏った経済においては，適切なマクロ経済政策によって，所得格差と資産格差を是正することによって，経済全体の消費性向を高くすることが可能となり，投資の機会がさらに存在するならば，所与の利子率のもとで，経済は有効需要を増加させて，雇用量を増加させることが可能となるのである。

(4) 正しい公共事業

　政府の財政赤字政策によって建設された社会資本が産業基盤資本を形成し「正の外部経済効果」を発揮するならば，経済全体の社会的費用は減少するために，企業の直接的な経費においても，間接的な費用においても生産費用は低下し，経済全体の総供給曲線は右下に低下することになるのである。

　つまり，正しい公共事業が行われ，民間企業の社会的費用が直接的に低下する経済効果があると，経済全体の総供給曲線は右下にシフトすることになる。このとき，図9.1の総需要曲線がもとの位置に戻るとしても，経済全体の有効需要点は点E_1から点E_2へと移動するのである。国民所得は，D_1からD_2へと減少するが，経済全体の雇用量はN_1からN_2へと増加するのである。正しい公共事業とは国民所得を増加させることではなく，雇用量を増加させる政策なのである[5]。

①正しい公共事業の達成による経済成長戦略

　すなわち，不況期において「正の外部経済効果」を発揮するような「正しい公共事業」が追加的に行われるならば，総需要曲線が一定のもとで，総供給曲線が右下方向にシフトすることによって経済

---

[5] 有効需要増大効果とはこのように所得の増大が目的ではなく，雇用の増大が目的なのである。

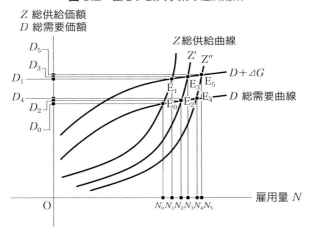

図9.2 正しい公共事業の経済効果

の有効需要点は，**図9.2**の点E_0から点E_1，点E_2，点E_3，点E_4へと上下変動をしながら右方向へ移動するのである。

このとき，国民所得は有効需要点の上下変動に従って，D_1，D_2，D_3，D_4へと国民所得のアップ・ダウンを繰り返しながら，次第に増加傾向になるのである。また，雇用量はN_0からスタートして，社会的費用の低下とそれによる企業の費用削減の効果を得て，N_1，N_2，N_3，N_4へと少しずつ増加することが説明される。すなわち，ケインズのいう正しい有効需要拡大政策とは，国民所得の増大効果ではなく，雇用の増大効果であることを理解すべきなのである。

②ケインズの有効需要拡大政策の今日的な意義

このようなケインズ政策を今日的なテーマで提案するならば，経済の安定的な発展のための諸政策や経済の国際化・金融の国際化・情報化を図るための政策が提案されることになるであろう。

有効需要を回復するために単年度において一時的に財政バランスを欠いても、ケインズ的な有効需要政策の成果として民間の投資が刺激され経済の拡張が実現されるならば、その政策の成果として政府の税収入の増加が期待され、やがて次の年度の赤字財政問題は解消されうるというものである。

(5) 悪い公共事業

政府の財政赤字政策によって実施された公共事業が社会的に不必要なものであり、「外部不経済効果」を起こすような無駄な公共事業であったならば、公共事業によって経済全体の社会的費用は増大するために、企業の生産費用は上昇し、この企業の生産費用上昇を反映して、総供給曲線は左上にシフトすることになる。すなわち、不況期において「誤った公共事業」、「無駄な公共事業」が行われるならば、総需要曲線が一定所与のもとで、総供給曲線が Z 曲線から Z''' 曲線 Z'''' 曲線のように次第に左上方向にシフトすることによって雇用量はさらに減少するのである。

このような「無駄な公共事業」が続くならば、**図 9.3** より有効需要点は E_0 から点 E_1、点 E_2、点 E_3、点 E_4 へと移動し、縦軸の国民所得は D_0 から点 D_1、点 D_2、点 D_3、点 D_4 へと上下変動しながら増加しいるにもかかわらず、雇用量は N_0 から N_1、N_2、N_3、N_4 へと増減を繰り返しながらやがて減少していくということになるのである。

このような「無駄な公共事業」は、有効需要が増加して国民所得が増加する傾向があるのである。この雇用減少のなかでの国民所得の増加とは国民所得の不平等分配を意味しているのである。すなわち、雇用の増加や失業の減少だけではなく、社会の所得分配への歪みを創出しているのである。しかも、このことは国民の将来の税負担を増加させるものでもある。

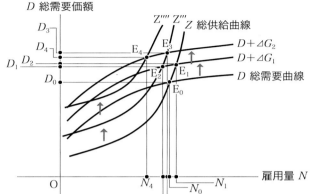

図9.3 無駄な公共事業の経済効果

　ここで，縦軸の有効需要Z(国民所得Y) は経済全体の付加価値合計額であるが，この付加価値合計額（＝国民所得）が増加するということは必ずしも雇用の増加・失業の減少につながるわけではないこと，それゆえに，経済全体の豊かさが増加することではないということが，上の例で理解されるであろう[6]。すなわち，付加価値合計額（＝国民所得）とは経済全体に参加する経済主体が一定期間の生活を守るために必要な費用の総計であることが説明されているのである。

3. 財政政策

　この節では，財政政策の一側面であるフィスカル・ポリシーについて説明する。これは政府支出，および課税の操作を通じて有効需要に影響を与え，経済の安定に寄与する政策である。財政による有

---

[6] 今日の中国経済の高い経済成長率と所得格差の進展はこのような経済成長を表しているのである。

効需要調整の側面に力点がおかれているという意味で，補正財政 (compensatory finance) とも呼ばれている。あるいは経済の総支出に対する財政支出の効果に着目しているという趣旨から「機能財政」(functional finance) とも名づけられている。

ケインズの『一般理論』を背景としてこのような財政政策に新しい目標を与えたのは，ハンセン（A. H. Hansen）やその他のケインジアンによって開拓されたものである。それは財政支出を通じて経済の安定政策という目標を効果的に達成するためには単年度の均衡予算の原則に縛られることは得策ではないどころか，有害無益であるという認識である。なぜならば，好況期における租税の自然増収に見合った形の均衡予算は明らかに拡張的であり，経済を不安定化させる効果をもつからである。

また，不況期には政府支出の増加は減税の形で赤字支出の可能性が認められないならば，強力な経済安定化政策を期待することはできない。景気循環がある程度規則的に生起するものであるならば，不況期の財政赤字と好況期の財政黒字とは長期的にはおのずから相殺される可能性があり，またそれを意識的に計画することが可能であるというのが「フィスカル・ポリシィー」の立場である。

(1) ビルト・イン・スタビライザー機能：
I.個々の家計の租税負担

現在の所得税や社会保障制度のもとでは，控除制度と累進税率の制度によって，所得が高くなるにつれて限界税率（marginal tax rate）t が高くなるように設定されている。図9.4において，横軸は個人の所得 y_i であり，縦軸は個人が負担する所得税 T_i を表している。所得税の控除制度を反映して，一定の所得水準以下では課税率はゼロであり，社会保障移転制度によって所得が一部移転されてい

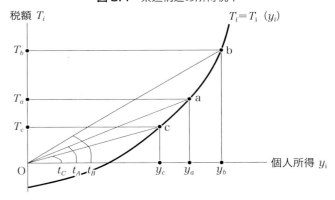

図9.4 累進構造の所得税率

ることを示している。すなわち，マイナスの税金の状態である。

また，累進税率の構造を反映して個人所得が y_c から y_a，y_b へ増加するに従って税率が t_c から t_A，t_B へと上昇しているために税負担は T_c から T_a から T_b へと大きく増加していることが示されている。

(2) ビルト・イン・スタビライザー機能：
II.経済全体の租税負担

図9.5 は経済全体の国民所得水準 Y と政府の租税収入 T との関係を表した図である。横軸に経済全体の国民所得水準をとり，縦軸は国の所得税収入 T を表している。累進税率制度を反映して，景気が良くなって国民所得が Y_A から Y_B へと増加すると政府の租税収入が T_A から T_B へと増加することが示されている。不況期には，失業手当やその他の社会保障支出（マイナスの所得税）が増大するために，所得からの租税収入がマイナスになることがある。しかし，好況期には失業手当やその他の社会保障支出が減少し，所得からの租税収入は増加する。また，好況期には賃金所得よりも資本所得へのシフ

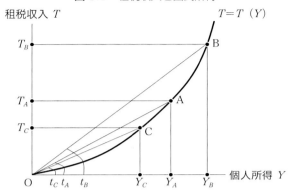

図9.5 租税収入と国民所得

トが生ずると考えられるために，所得税の累進税率は高くなり，政府の租税収入を表すこの曲線の凸性が強まると考えられる。

このように所得税の累進構造は，好況期において国民所得がたとえば Y_A から Y_B に増大する時期には，税率の上昇と租税収入の増加が有効需要のそれ以上の拡大を抑制し，国民所得それ自体がさらに増大し加熱することを抑制する効果をもつのである。

また，不況期において国民所得がたとえば Y_A から Y_C へ減少する時期には，税率の低下と税収の減少によって有効需要がそれ以上に減退することを抑制し，国民所得がそれ以上に減少することを抑制する機能をもつのである。

このように累進構造による不変の租税体系，および移転支出制度のもとにおいて，政府の相対的な変化がなければ，有効需要の変動（景気の変動）をある程度自動的に抑制する要因として「自動安定化装置」(built in stabilizer) が財政システムにビルト・インされているのである。

4. ポリシー・ミックス

(1) 政府の予算制約式

政府の均衡予算は毎年の歳入額 T と毎年の歳出額 G が等しいことであり，次の (9.1) 式のように表される。

$$T = G \tag{9.1}$$

いま，政府が財政支出を増加させる（$\Delta G > 0$）ことによって，あるいは，減税する（$-\Delta T > 0$）ことによって赤字財政政策を行う場合には，次のように財政バランスが崩れることになる。

①政府支出の増加　　$T < G + \Delta G$　　財政赤字
②減税政策　　　　　$T - \Delta T < G$　　財政赤字

この赤字資金の調達方法としては，国債発行（$\Delta P_B B$）によるケースが考えられる。

ここで，i は市場利子率として，$\frac{1}{i}$ は国債価格 $P_B = \frac{1}{i}$ である。国債の累積債務がある場合には政府の国債利子支払負担である国債費 iB が存在することを考慮すると，次の (9.2) 式が成立する。

$$G + B = T + \Delta B / i \tag{9.2}$$

政府がマクロ経済政策を運営するに当たっては，財政の予算制約を常に考慮しなければならない。いま，P を物価水準，G を政府支出額，B を国債の利子支払額[7]，T を租税収入額，ΔM を貨幣供給増加量，ΔB を国債の増発量，i を市場利子率とすると，政府の予算制約式は，次の (9.3) 式のように表される。

$$P(G + B - T) = \Delta M + \frac{1}{i} \Delta B \tag{9.3}$$

この政府の予算制約式は，政府が財政政策あるいは金融政策を行うためには，その財源上の制約があることを示している。すなわち，

---

[7] ここで国債の単位は毎期の国債費1円当たりの額面として定義している。

政府は財政支出額Gの財源を租税収入額Tか国債の新規発行ΔBか，国債の日銀引き受けという形での貨幣供給量の増発ΔMによって調達するか，あるいはそれらの組合せ（ポリシー・ミックス）を行うことによって調達しなければならないのである。

この政策の組合せについて，図9.6を利用して考える。いま，横軸に財政支出額Gと国債の利子支払額Bの合計の値をとり，縦軸に租税収入額Tの大きさをとる。

①プライマリー・バランス；予算均衡条件線

図9.6の右上がりの直線は，財政支出額Gと国債の利子支払額Bの合計が等しいという意味で予算均衡条件（プライマリー・バランス）を表している。この直線$G+B=T$線の右下の領域（$G+B>T$）においては，政府の財政赤字であり，左上の領域（$G+B<T$）においては政府の財政黒字の状態を表している。

図9.6　政府の予算制約条件と有効需要政策

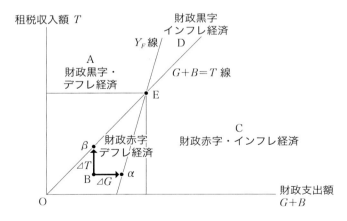

②完全雇用所得水準線

　いま，C を消費額として，物価水準と市場利子率 r が一定不変であり，それゆえに民間投資 I が一定であるとする。生産物市場が完全雇用所得水準 Y_F で一定不変に維持されるための財政支出額 G と租税収入額 T の大きさの組合せを考えると，生産物市場の国民所得決定式から次の（9.4）式のように表される。

$$Y_F = C(Y_F + B - T) + I(r) + G \tag{9.4}$$

　ここで，$Y_F + B - T$ は完全雇用所得水準での可処分所得を表しており，B は家計にとっての国債の利子受取額を示している。この（9.4）式を政府支出額 G と租税収入額 T で微分して整理すると，次の（9.5）式が得られる。

$$\frac{dT}{dG} = \frac{1}{C_Y} > 1 \tag{9.5}$$

　ここで，C_Y は限界消費性向であり，1 より小さい数値であるから，完全雇用所得水準を維持するための政府支出額 G と租税収入額 T との関係を示す Y_F 線の傾きは 1 よりも大きいことが説明される。この線の意味は，一定額の財政支出の増大 $\varDelta G$ によってもたらされる有効需要の拡大効果 $\varDelta Y (=\frac{1}{1-c}\varDelta G)$ を相殺するために必要な増税額 $\varDelta T (\varDelta Y = \frac{-c}{1-c}\varDelta T)$ の大きさを表しているのである。**図9.6** のように，この Y_F 線の左上の領域は，経済がデフレ・ギャップの状態にあり，失業が発生していることを説明しており，右下の領域は経済がインフレ・ギャップの状態にあることを説明している。

（2）4つの領域の分析

　完全雇用所得水準を表す Y_F 線と財政均衡条件を表す $G + B = T$ 線との交点 E は，完全雇用と政府の財政均衡が同時に達成されている状態であり，マクロ経済政策の最終目標点である。この2つの線

によって，図9.6のように経済状態は，次の4つの領域に分けて考えることができる。

①領域Aの経済状態

この領域Aの経済状態は，政府の財政状態は黒字であり，経済にはデフレ・ギャップが存在し，失業が発生している状態である。このような状態においては，政府は財政黒字を利用して財政支出の増大と減税政策を行うことによってデフレ・ギャップを解消して，完全雇用所得水準 Y_F を達成することが可能である。

②領域Bの経済状態

この領域Bの状態は，政府の財政状態は赤字であり，経済にはデフレ・ギャップが存在し，失業が発生している状態である。今日の日本経済の現状を物語っている。このような状態においては，政府がこれ以上の財政赤字を望まないならば，失業の解消は不可能である。政府は，景気刺激政策のための公共事業の拡大を進めて雇用量の拡大を図りながら，税収の増加を図る政策が必要となる。

③領域Cの経済状態

この領域Cの経済状態は，政府の財政状態は赤字であり，経済においてはインフレ・ギャップがある状態である。このような状態においては，財政赤字を減少させるために財政支出の削減と増税政策が必要であり，同時に財政支出削減によって，インフレ・ギャップを解消することによって，完全雇用を達成することが可能である。

④領域Dの経済状態

この領域Dの経済状態は，政府の財政状態は黒字であり，経済に

おいてはインフレ・ギャップがある状態である。このような状態においては，財政黒字を利用して減税政策と，インフレ・ギャップを解消するために財政支出削減政策によって，完全雇用状態と均衡財政を達成することが可能である。

（3）日本経済の状態とマクロ経済政策の可能性

　先の②の領域Ｂで説明したように，点Ｂの領域が今日の日本経済の状態を表している。すなわち，財政赤字とデフレ経済の状態である。この状態における望ましいマクロ経済政策は，有効需要拡大政策である。すなわち，デフレ・ギャップを解消して雇用量を増加し失業率を低下させるためには，財政支出を増大させて有効需要を拡大しなければならないのである。そして，同時に増税によって財政赤字状態を次第に均衡状態に回復していかなければならないのである。

　しかし，日本経済は長年デフレ経済が続いており，さらに財政赤字と膨大な政府累積債務問題を抱えている。このような三重の経済問題（デフレ・ギャップ，財政赤字，累積債務問題）を解消するためには，租税政策と財政政策という２つの短期的なマクロ経済政策の手段だけでは解決できない状況なのである[8]。もし，デフレ対策と財政赤字対策を同時に行っても，累積債務問題は解決しないからである。なぜならば，累積債務が年々増加している経済状態においては，図9.7のように，Y_F線は次第に右側にシフトするために政策目標の状態点Ｅが次第に右上に移動するのである。

　これは，政府のマクロ経済政策の目標が夏の日差しの暑い日中のドライブの際に現れながら，「逃げ水」[9]のように，近づくたび次第に遠くになるからである。すなわち，増税政策はさらなる増税を必要とし，財政支出による公共事業の拡大はさらなる公共事業の拡大

---

[8] 短期マクロ経済政策の連続的実施だけでは，その効果に限界がある。

[9] 逃げ水（road mirage）とは，晴れた暑い風のない日に，アスファルト道路などで，水があるように見える現象のことであり，「地鏡」ともいう。

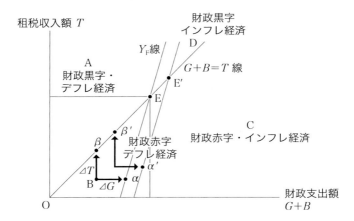

図9.7 政策目標が点Eから点E'へ遠ざかる

を必要とすることになるのである。

　長年のデフレ経済のなかで，政府の累積債務が膨大となっている日本経済においては，財政金融政策による一時的なマクロ経済政策を連続的に実施することでは，その経済政策の効果はほとんど発揮することができないままで終わる可能性が高いのである。

　今日の日本経済の長期停滞の原因を真摯に見つめ直し，世界経済のなかでの日本経済の今日の位置づけを再確認してから日本経済の再生を図らなければならないのである。1,000兆円を超す政府の累積債務と，平成28（2016）年末時点の日本の対外純資産残高が349兆1,120億円であることの整合性を理解することが必要である。

　すなわち，このような世界経済との関係において，これまでの日本企業の海外流出状態と国内経済の空洞化という問題を受け入れ，日本企業の多国籍化と外国企業の国内進出が進む現在の経済状況に対応するように，国内の産業構造と経済システムを改造しなければならないのである。そのための経済政策は，省エネルギー対応の経

済システムの構築とともにモーダルシフト[10]による低費用の国内物流システムを構築して，種々の経済慣習を改革することが必要なのである。

5. ピラミッド建設の意義──再考察──

(1) ケインズによるピラミッド建設の意味

　ケインズの有効需要拡大政策の最良の政策は，経済全体の生産力を増加させずに，有効需要を拡大することである。生産能力の増加は有効需要の不足を助長するからである。それゆえに，「ケインズ政策の説明」[11]において「総供給生産力を拡大しない」という意味で，「無駄な公共事業が重要である」と説明されてきたのである。この無駄な公共事業の最も有名な例がケインズの「ピラミッド建設」である。

　ここで，公共事業には無駄な公共事業と有意義な公共事業とに分

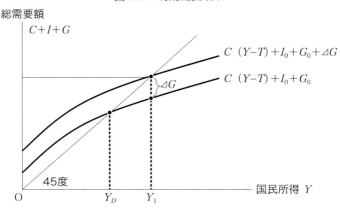

図9.8　有効需要政策

[10] モーダルシフトとは輸送手段のシフトのことである。かつて鉄道がトラック輸送に代わった輸送手段を鉄道輸送に戻す政策である。

[11] 無駄な公共事業とは「悪い公共事業」と同様ではないことに注意しなければならない。

類されることになるのである。いま，経済はデフレ状態にあり，完全雇用国民所得水準を Y_F，現在時点での国民所得水準を Y_t とする。このとき，有効需要の不足分を $\Delta D_D (= Y_F - Y_t)$ として，限界消費性向を c とすると，次の (9.6) 式が成立する。

$$\Delta D_D = (1-c) \times (Y_F - Y_t) \tag{9.6}$$

この (9.6) 式の関係は，縦軸に総需要額，横軸に国民所得水準をとると，**図 9.8** のように 45 度線を利用した教科書的な図によって説明することができる。

ΔD_D の規模のピラミッド建設は，生産力を増大させない政府の無駄な支出であったとケインズは説明しているのである。

(2) ピラミッド建設の意義についての各説

ピラミッド（Pyramid）は，エジプトだけではなく，中南米などにもみられる四角錐状の巨石建造物の総称である。かつては金字塔という訳語が使われていた。これまでの歴史学の一般的な解釈としては，奴隷に築かせた王墓とされてきた。しかし，最近の研究においてピラミッドは無駄な存在ではなく，また，王墓でもないのである。そして，ピラミッド建設に携わった人たちは，奴隷ではなく専門の建設労働者がいたことが明らかになった。

1990 年代に入って，ギザ（エジプト）の大ピラミッド付近でピラミッド建造にかかわったとされる住居跡と墓がみつかり，豊かな生活物資や住居跡が発見されたのである。そこには，ピラミッド建設に必要な高い建築技術をもった専門の技術者がいたこともわかっているのである。また，建設に関する労働者のチーム編成や作業記録が文章で記録として残っているのである。さらに，出勤簿や休暇届，病院へのお見舞いなどのいろいろな労働者思いの制度があったことが資料として現存している。

すなわち、ピラミッドはある目的をもって計画的に建造されていたことがうかがえる証拠群の出現である。

このような発見を受けて、次のような説が登場した。1つは、「遊休資源を雇用創出に活用するためのピラミッド建設説」。もう1つは、「ピラミッドは信仰を象徴するモニュメント」、そして、もう1つは日本人の説である「ピラミッド＝テトラポット説」である。

①遊休資源を雇用創出に活用するためのピラミッド建設説

ナイル川は、アフリカ大陸東北部を流れ地中海に注ぐ世界最長級の河川である。長さ6,695km、流域面積は300万7,000km^2。かつてナイル川は毎年同じ時期に定期的に氾濫した。これは、インド洋の季節風であるモンスーンが湿った大気をナイル川の上流域のエチオピア高原に6月から9月の期間に雨季をもたらし大量の雨を降らせたためである。この雨が大量の濁流となってナイル川の2つの支流の1つの青ナイルに流れ込み、白ナイルとともに上流域から順番に下流域に氾濫を導きながら流れるのである。

この氾濫が終わった後、川が運んできた肥沃な土地に小麦の種をまき収穫していたのである。この氾濫と農業がエジプト文明をつくり出し、繁栄の基盤を形成した。

エジプトの季節の名前には意味があるらしい。7月中旬から11月中旬は「アケト」と呼ばれ、「暑くて乾いている」＝夏という意味であるらしい。増えた水は川の上流から肥えた土を運ぶとともに、土に染み出した塩分を洗い流し、畑の土をやわらかくする[12]。そして、11月中旬から3月中旬「ペレト」と呼ばれ、「種まきの時期」＝春という意味であり、水が引いた後、湿った土はやわらかく、耕しやすくなっているので農業の手間も省けるのである。「シェムウ」は「刈り入れが終わった」＝秋＋冬という意味であるらしい。水位

---

[12] 増水が最大に達すると、場所によっては川幅が通常の7～8倍にもなったという。

が最低になった頃に収穫して，また新たな増水を待てばいいのである。

このようにして，エジプトでは，毎年，同じ季節に定期的に起きる増水に合わせて農業を行っていた。そして「遊休資源雇用説」は小麦を植えて収穫を待つ間の11月中旬から3月中旬「ペレト」の期間に遊休化している労働者を使役して不必要なピラミッドを建設したという説であった[13]。

しかし，農閑期に遊休化している農民を公共事業で雇用するという説には無理がある。年に1回の麦作で十分な生産量が獲得される限り遊休資源ではないからであり，農民に働く動機が存在しないのである。

ナイル川は物流にも使用された。北という単語が「川下」を表し，南という単語が「川上」を表すように，人々は北へはナイル川の流れに沿って船で下り，南へは帆を張って季節風でさかのぼる方法により，物流が行われていたのである。

②ピラミッドは信仰を象徴するモニュメント説

この説は，ピラミッドはエジプトの支配者のための「宗教施設」であるという前提から成立している。太陽神への信仰の象徴としてピラミッドを築くとき人々は喜んで建設に参加したという説である。この説では，上流域の崩壊したピラミッドを放置している理由が説明できないのである。

③ピラミッド＝テトラポット説

肥沃な小麦畑の農地拡大のためナイル川の水流を調節するためのテトラポットとしてのピラミッドの建設説である。

1992年に視覚デザイン学の高津道昭氏が，ナイル川の上流の東

[13] ナイルの増水は，古代人がソティスと呼んだ「シリウス」が，夜明けに地平線に達する時期に起こった。現代暦では7月半ばのことだ。この現象を，エジプトでは「ヘリアカル・ライジング」と呼び，ソティス星は洪水を知らせる神，または精霊とされ崇められた。また，ナイル川の化身としてハピという神がいて，ナイル川の水が増すことは「ハピの到来」とも呼ばれた。

に次第に曲がる地域に砂に埋もれていたピラミッドが次々に発見されるのをみて，それらのピラミッドの配列から考えて「ピラミッドはテトラポット」であると推論した。2013年には，土木工学・河川技術家の武村公太郎がこの説を補強して，「ピラミッド「群」はナイル川の「からみ」説」であると提唱した。この説は，カイロを起点としてナイル川の扇状地に広がる九州より広い流長200km，4～5万k㎡の地域が，紀元前4000年の縄文海進以後の海水面降下によって干潟化し，紀元前3000年頃のエジプト王朝成立以後200年後からのデルタ干拓が，ピラミッド造営と歩を一にしていることから提起されたのである。

6. 3.11の復興の経済政策

　3.11（東日本大震災）の復興計画において，当時経験した津波以上のより高い頑丈な堤防を建設することによって，次の津波からの被害を減少させようという計画が被災地で実行されようとしている。
　しかし，巨大な堤防は，津波から人を守らないのである。津波が堤防を越えてしまった場合，必ず破堤する。堤防が壊れれば，流される家や車によって，人は押しつぶされ，引き裂かれるのである。巨大な堤防の存在は人々が津波の接近に気づく時間を遅らせるだけなのである。
　巨大な堤防は人々を海との生活から隔離し，日常生活において海の存在を忘れさせようとする。海からの風とその風がもたらす音と匂いを遮断してしまうのである。2011年の3.11の大津波の際には，最初に非日常的な風があり，次に音があったという。そして強烈な海底からの匂いがあったそうである。海岸線に住んでいた人々は五感で津波がもたらす非日常的な海についての違和感を感じたのであ

る。

　それにもかかわらず，二度と津波の被害がないようにと海に向かって巨大な堤防を建造することは技術を過信した愚かな行為である。津波が接近するときに海底からもたらされる風と音と，そして強烈な匂いを人々から遮断することになるからである[14]。

　このような巨大な建設費用を費やして，その効果が期待できない計画を実現するよりは，日本の各海岸線構築の歴史に学ぶ方が重要である。それは，自然との共生を前提とした人々に安全な生活をもたらしてきた「波打つ砂丘と運河」である。宮城県の伊達正宗が建設させた「貞山堀・貞山運河」である。

　陸と海を隔てる海岸は今日のようにコンクリートの線によって仕切られるべきではないのである。帯状に形作られた緑豊かな自然の海岸線によって陸と海は仕切られなければならないのである。何層にも築かれた砂山と幾重にも重なった松林によって海岸線は形成されなければならない。その砂山の間を海岸線と平行に掘られた運河や水を張ったクリークや運河が織り成す帯状の海岸線こそが，日本の津波対策の原点なのである。そして，このような海岸線は引き潮の被害から人々を守るためにも強いシステムと言えるのである。

　白砂青松の帯状の海岸線こそが人間の「自然との共生」であり，社会の「津波との共生」なのである。巨大な津波は普段とは異なる潮の音と匂いを津波の警告として海岸沿いに生活する人々の五感にもたらし津波から逃げるための時間をつくるのである。

　赤字財政による公共事業よりも，自然との共生によって人々が生きることの方が大事である。経済政策としてできることは，自然を守るために日々，雇用を使っていくということである[15]。

---

[14] この議論は，九州大学工学研究院環境社会部門工学部清野聡子准教授の説明によるものである。

[15] この文章は，九州大学工学研究院環境社会部門工学部清野聡子准教授の研究の成果である。

[参考文献]

ケインズ, J. M. / 塩野谷祐一訳 [1983]『雇用・利子および貨幣の一般理論』東洋経済新報社 (Keynes, J. M. [1936] *The General Theory of Employment, Interest and Money*, The Macmillan Press LTD.)

第10章 開放体系としてのケインズ経済学

本章においては，今日の開放体系下のマクロ経済分析について，ケインズのオリジナルのアイデアを再考察しながら，この開放体系をケインズ体系に導入する方法について考察する。

最初に開放体系の定式化を行い，貿易収支と国民所得との関係について考察し，次に，投資と国際資本移動との関係について考察する。この際に，投資については，資本形成を実現させる投資と債券投資としての国際的資本移動との関係についても考察する。

1. 開放体系の有効需要の決定

生産物市場の条件

C を今期の消費額，I を今期の投資額，G を今期の政府支出額，X を今期の輸出額，IM を今期の輸入額とすると，開放体系モデルにおける生産物市場の有効需要の大きさが，次の（10.1）式のように定式化される。

$$Y = C + I + G + X - IM \tag{10.1}$$

それぞれの支出項目については，国内財（Domestic Goods）の場合と輸入財（Imported Goods）の場合が混在しているので，それぞれの変数について2つの項目について区別して表記すると，次のように定義される。

$$C = C_D + C_{IM} \tag{10.2}$$

$$I = I_D + I_{IM} \tag{10.3}$$
$$G = G_D + G_{IM} \tag{10.4}$$
$$X = X_D + X_{IM} \tag{10.5}$$
$$IM = IM_D + IM_{IM} \tag{10.6}$$

ここで，X_{IM}は再輸出額である[1]。(10.2) 式〜(10.6) 式のそれぞれの関係を (10.1) 式に代入すると，次の (10.7) 式が成立する。

$$Y = (C_D + C_{IM}) + (I_D + I_{IM}) + (G_D + G_{IM}) + (X_D + X_{IM}) - IM \tag{10.7}$$

また，輸入額の定義から，次の (10.8) 式が成立する。

$$IM = C_{IM} + I_{IM} + G_{IM} + X_{IM} \tag{10.8}$$

この (10.8) 式を (10.7) 式に代入すると，次の (10.9) 式が成立する。

$$Y = C_D + I_D + G_D + X_D \tag{10.9}$$

すなわち，開放体系における生産物市場の均衡条件式とは，国内財の生産額・供給額と国内財の需要額が等しいことを表しているのであり，このとき決定されるYは国内総生産額 (National Domestic Products) であることが説明される。ここで，国民所得 (National Products) とは，海外居住自国民が1年間に稼いだ海外での所得と国内居住外国人が国内において稼いだ所得との純差額を GDP (国内総生産) に付加した額である。

このとき，輸入額IMと輸出額Xの差額である貿易収支の均衡問題と国内生産物市場の均衡条件とは独立の関係であることに注意しなければならない。

以上の説明から，(10.1) 式は国内財の市場均衡条件であることを理解して使用する。

---

1 ここで，再輸入される財・サービスはない，あるいは輸出額と相殺されていると仮定する。

2. 開放体系マクロ・モデルの有効需要決定式

開放体系のマクロ・モデル（オープン・マクロ・モデル）について有効需要決定式を考える。X_0 を輸出額，IM を輸入額，I_0 を投資規模，G_0 を政府支出規模，$TB = X_0 - IM$ を貿易収支とすると，生産物市場の均衡条件式は，次の（10.10）式のように表される[2]。

$$Y = C(Y - T_0) + I_0 + G_0 + X_0 - IM(Y) \quad (10.10)$$

この（10.10）式の消費関数と輸入関数を線形関数と仮定して（$IM = mY + IM_0$）書き直すと，次の（10.11）式のように表される。

$$Y = C_0 + c(Y - T_0) + I_0 + G_0 + X_0 - mY - IM_0 \quad (10.11)$$

この（10.11）式を国民所得水準 Y について解くと，貿易収支を考慮した均衡国民所得 Y_E の決定式が（10.12）式のように導出される。

$$Y_E = \frac{1}{1 - c + m}(C_0 - T_0 + I_0 + G_0 + X_0 - IM_0) \quad (10.12)$$

この Y_E をケインズ的均衡国民所得と定義する。上の（10.12）式から，経済が不況期にあるときは，民間投資 I は将来に対する不安という期待を反映して相対的に低い水準にあるために経済活動は停滞しており，それゆえに国民所得水準も低く，消費も低い水準を推移することになるのである。

この関係は，**図10.1** のように表すことができる。この図の第1象限は生産物市場の均衡条件，すなわち，国民所得決定式を表しており，総需要関数に貿易収支 $TB(= $ 輸出額 $X - $ 輸入額 $IM)$ の項が入っている。第4象限は輸出額が一定所与 X_0 のもとで輸入関数が描かれており，点 T が貿易収支の均衡点を表している。

---

[2] X_0, I_0, G_0 の 0 は一定所与の値を表している。

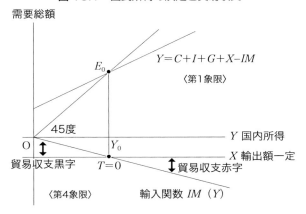

図 10.1 国民所得の決定と貿易収支

(1) 消費関数

いま，1年間の消費額 C は，国民所得 Y の増加関数として定義され，T を租税額とすると消費は次の (10.13) 式のような消費関数として定義される。

【消費関数】　$C = C(Y_D)$, $1 > C'(Y_D) > 0$, $C''(Y_D) < 0$
(10.13)

【基礎消費】　$C = C(0) > 0$ (10.14)

【可処分所得】　$Y_D = Y - T$ (10.15)

(10.13) 式は，消費は可処分所得 Y_D の増加関数である。ここで，$C'(Y_D)$ は可処分所得の増加額に対する消費の増加額を表す限界消費性向 (marginal propensity to consume) c を表しており，一般に正の値で 1 より小の値である[3]。

(10.14) 式は，可処分所得がゼロのときの消費額がゼロであると記されているようにみえるが，これは可処分所得の変化に依存しない基礎消費の大きさを表していると理解されなければならない[4]。

---

[3] 限界消費性向は国民所得の増加とともに逓減することを表している。

[4] 1 年間の国民所得の大きさがゼロであるならば，国民経済はすでに崩壊しており，消費の額の問題ではないからである。

(10.15) 式は，可処分所得は国民所得から税支払額を控除した額であることが説明されている。

(2) 貿易収支の決定

物価水準，交易条件が一定不変であるという前提のもとでは，輸出額Xの大きさは貿易相手国の経済の好況/不況という経済状態に依存して決定されるので，ここでは一定所与の大きさ X_0 と仮定する。

わが国の輸入額 IM は，わが国の国内所得 Y の規模に依存することから，輸入関数は国内所得の増加関数として，次の（10.16）式のように定義される[5]。

【輸入関数】　　$IM = IM(Y),\ 1 > IM'(Y) > 0$ 　　　　（10.16）

【基礎輸入額】　$IM_0 = IM(0) > 0$ 　　　　（10.17）

1 年間の輸出額を X_0，1 年間の輸入額を IM_0 とすると，貿易収支の規模 TB は，次の（10.18）式のように国民所得の増加関数として定義される。

【貿易収支】　　$TB = X_0 - IM_0(Y),\ TB'(Y) = IM'(Y) < 0$

　　　　（10.18）

ここで，IM' は限界輸入性向 m（marginal propensity to import）を表している。

(3) 投資と政府支出

投資 I は市場利子率 r の減少関数として一般に定義されるが，いま，利子率を一定不変 r_0 と仮定しているので，投資規模は I_0 の値で一定の大きさとして定義される。

同様にして，政府支出 G は政策変数としてこのマクロ・モデルの外で決定されるので，当面の分析においては一定不変の値 G_0 水準

---

[5] 輸入額が可処分所得ではなく，国民所得の大きさに依存するのは，輸入のなかの大部分は石油・天然ガスや鉱工業生産のための原材料等であるからである。

で決定されていると仮定する。

このような状況においては、経済活動の水準を示す国民所得の大きさ Y は、政府支出 G の大きさの変化や貿易収支 T の大きさの変化によって大きく変動することが説明される。

3. 開放体系マクロ・モデルの各乗数

ケインズ均衡において、次のような各乗数が導出される。

政府が財政政策（$\varDelta G$）を実施し、労働者の所得分配が増加すると、有効需要が増加する。これは「ケインズの財政乗数」と呼ばれる。反対に、政府が増税政策（$\varDelta T>0$）を行うことによって国民の可処分所得を減少させると有効需要が減少する。これは「租税乗数」と呼ばれる。また、外国の好景気を反映してわが国の輸出が増大するとわが国の貿易収支が改善され、有効需要が増加する。これは「貿易乗数」と呼ばれる。

(1) 財政乗数

開放体系経済における国内の有効需要を拡大するための財政政策は、(10.12) 式を財政支出増加額 $\varDelta G$ で微分することによって、次の (10.19) 式のように導出される。

$$\frac{dY}{dG}=\frac{1}{1-c+m} \tag{10.19}$$

赤字財政乗数によって国民所得が増加する過程は、**図 10.2** のように、国内所得水準が Y_0 から Y_1 まで増加する過程として説明される。

すなわち、財政支出の増加 $\varDelta G$ によって総需要額が増加するとき、45 度線との交点は E_0 から点 E_1 に移動することから、国民所得は Y_0

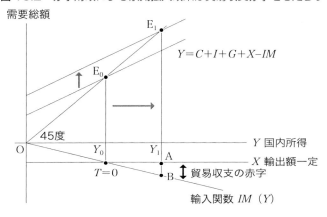

図10.2　赤字財政による景気拡大政策は貿易収支赤字をもたらす

から Y_1 へ増加する。当初，貿易収支が均衡していると仮定すると，国民所得の増加（$\Delta Y > 0$）は輸入を増加（$\Delta IM > 0$）させるので，輸出額が一定 X_0 のもとでは，貿易収支が AB の幅だけ赤字化（$= -\Delta IM$）することが説明される。

　固定相場制度における国内の景気拡大政策は国民所得の増加分に限界輸入性向を乗じた分だけ輸入額が増加して，貿易収支の赤字をもたらすことがわかる。

　限界消費性向が大き（小さ）ければ，図の総需要曲線の傾きは大きく（小さく）なり誘発効果（$Y_1 - Y_0$）は大きく（小さく）なる。また，限界貯蓄性向（mps）＝ 1 － 限界消費性向（mpc）であるから，限界貯蓄性向が小さい（大きい）ほど誘発支出は大きい（小さい）ことが説明される。

（2）貿易乗数

　ここでは，固定相場制度を前提に議論を進める。固定相場制度に

おいては，平価（parity）を維持するための国際的な約束を実行するために外国為替市場への介入の義務がある。

輸出の増加額ΔXによる総需要額の増大について考える場合は，(10.12) 式を輸出額の増加額ΔXで微分することによって，次の (10.20) 式のように導出される[6]。

$$\frac{dY}{dX} = \frac{1}{1-c+m} = \frac{1}{s+m} \qquad (10.20)$$

この（10.20）式から輸出の増加額ΔXは，国民所得水準Yを$\frac{1}{1-c+m} = \frac{1}{s+m}$倍増加させることが説明される。このとき，財政乗数も投資乗数も貿易乗数と同じ乗数値であることに注意しなければならない。

図10.3のように輸出額を表すX_0線のX_1線へのシフトとして説明される。いま，海外の好況状態を反映して自国の輸出額が増加$\Delta X (= X_1 - X_0)$した場合には，国内の総需要額が増加するために，

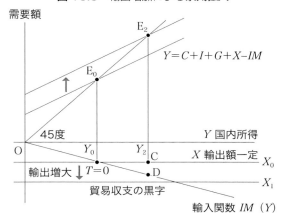

図10.3　輸出増加による景気拡大

---

[6] このとき，投資額や政府支出は変化しない，すなわち$\Delta I = 0$, $\Delta G = 0$を仮定している。

均衡国民所得水準を表す点は45度線の点 E_0 から点 E_2 に右上に移動し，国民所得は Y_0 から Y_2 へ増加する。当初，貿易収支が均衡していると仮定すると国民所得の増加は，増加した輸出額よりも少ない額の輸入の増加であるから，貿易収支は CD の幅だけ黒字化することが説明される。

いま，貿易収支の規模を BT(Trade Balance) とすると，貿易収支は次の（10.21）式のように表される。

$$BT = X(Y^*) - IM(Y) \qquad (10.21)$$

ここで Y^* は海外の国民所得である。

この（10.21）式を輸出額の増加分 $\varDelta X$ で微分して，（10.20）式を考慮すると，次の（10.22）式が得られる。

（10.12）式を財政支出増加額 $\varDelta G$ で微分することによって，次の（10.22）式のように導出される。

$$\frac{dBT}{dX} = 0 - m\frac{dY}{dX} = -\frac{m}{1-c+m} = \frac{m}{s+m} \qquad (10.22)$$

固定相場制度の場合は，輸出額の変化によって平価に変更はないために，為替相場の変動はなく，輸出の増加額（$\varDelta G > 0$）は景気の拡大（$\varDelta Y > 0$）と貿易収支の黒字化（$\varDelta BT > 0$）をもたらすことが説明される。

オリジナル・ケインズの貿易乗数はゼロ

以上の貿易乗数の議論は，新古典派マクロ経済学の貿易乗数の説明である。しかし，ケインズの『一般理論』の本来の議論においては，貿易乗数の値の効果はゼロであると説明している。

なぜならば，「他の条件にして等しい限り」(ceteris paribus)，輸出が増加するための条件は，輸出財価格の下落による国際競争力の上昇が必要である。輸出財価格下落のためには短期においては賃金

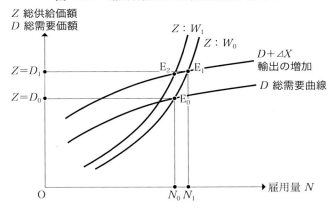

図 10.4 輸出増加による有効需要拡大はない

率の下落（W_0 から W_1 へ下落）によって実現するしかない。賃金率の下落とは所与の賃金財価格のもとでは労働分配分の下落であり，労働者の生活水準を低下させて有効需要の下落を導くのである。そのため，一般に輸出財は賃金財とは異なった財であるために，輸出の増加は労働者からの消費を奪うことによって有効需要を増加させようとしても，国内の消費が減少することによって有効需要は増加しない，あるいは，一定に保たれるような政策となってしまうのである。そのため，ケインズは，このような輸出増加政策を政府が選ぶ必要はないと説明するのである（図 10.4）。

このことは，(10.7) 式において，$\Delta C_D + \Delta X_D = 0$ を差している。すなわち，輸出の増大は，国内消費の減少によって賄われているのである。

それゆえに，ケインズは不況期には，輸出の拡大ではなく，政府が赤字財政政策を実行することによって国内経済を活性化するべきであると説明したのである[7]。

---

[7] このような「他の条件にして等しい限り」というような前提条件が成り立たないような分析力の深さが「ケインズ経済学的センス」なのであろう。

4. 国際的な投資関数の導出について

　世界経済がグローバリズム化した今日の世界経済において，先進国の資本家の海外への投資熱は盛んである。しかし，民間の投資による国際間の資本移動については，投資＝海外での資本蓄積のための資本移動（直接投資）と海外の金融資産の取得のための資本移動（間接投資）とは，区別して分析しなければならない[8]。

　ここでは，海外投資＝海外での資本蓄積のための資本移動（直接投資）について分析し，次の5.においては，海外の金融資産の取得のための資本移動（間接投資）について分析する。

　この資本家の投資の根拠をケインズ経済学の投資関数を使用して説明すると，次のように理解することができるであろう。

(1) 直接投資の説明

　いま，**図10.5** に，左側に資本ストック量 K をとり，右側に先進諸国の国内資本市場と投資対象国の資本市場の資本ストック量 I をとる。縦軸は，資本の限界効率 ρ と投資の限界効率 r である。成熟した先進工業諸国の国内の資本ストック量 K_D は，投資対象国の市場規模と比較して過剰であり，資本の限界効率も投資の限界効率も急激に低下している。これに対して，開発発途上国の資本ストック量 K_F (foreign capital stock) はいまだに少なく，それゆえに資本の限界効率も投資の限界効率も先進工業諸国と比較すると高い位置にあると想定することができる。これが**図10.5**における点 K_F と点 K_D の意味である。

　先進国に居住する投資家は，国内の情報と経済動向に基づいて国内の投資規模を決定し，海外の開発途上国についての市場の動向と

---

[8] 海外の金融資産保有のための海外投資＝資本移動であっても，その企業の経営権を握ることができる場合のウェイトがある場合は，直接投資に分類される。間接投資とは，外国の利子・配当・キャピタル・ゲインを目的とした外国証券の購入であり，直接投資とは，外国の企業の支配権の獲得を目的とした投資である。

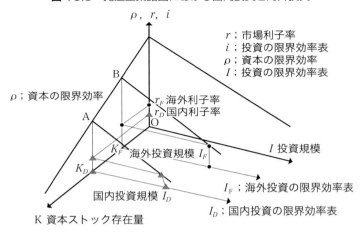

図 10.5　先進工業諸国における国内投資と海外投資

　金融市場についての情報をもとにカントリー・リスク[9]と為替リスクを考慮したうえで，その経済の投資の限界効率と利用可能な利子率との関係から，投資額I_Fを決定するのである。ここで，国内と海外への投資額については，投資家が管理できる資本ストック量が限られているという意味での一定の制約条件が存在することは当然である。すなわち，国内投資と海外投資との関係はトレード・オフの関係になるのである。

(2) 南米や中国の異常な海外投資の理由

　今日，東南アジアや南米，中国などの開発途上国において，国内投資を避けて海外投資を実施する資本家が多いことが知られている。この現象について，先の説明をヒントにして応用問題として考えてみることにする[10]。

　まず，**図 10.5** のように開発途上国の現存する資本ストック量は

---

[9]　カントリー・リスクとは投資対象国において，政治・経済の状況の変化によって経済が混乱して証券市場や為替相場が混乱して資産価値が変動する可能性をいう。

[10]　ここで，資本の限界効率表については，先進工業諸国も開発途上国も同一の型であるという想定のもとで図 10.5 も図 10.6 も描かれている。

先進工業諸国よりも相対的に少ないことが理解されるであろう。

図 10.5 の K_D が先進工業諸国の国内の資本ストック量であり，K_F が海外の開発途上国経済の資本ストック量であるとする。開発途上国経済においては，国内経済規模・市場規模が小さいが，世界市場への輸出の機会が大きく，国内に投資される自国の資本量は少ないために，自国内だけでは産業規模も雇用機会も少ないが海外からの投資機会が大きいことが説明される。それゆえに，投資の限界効率表は高い位置に描かれている。

これに対して，先進諸国の経済規模は大きく産業規模・市場規模も大きいが資本の限界効率は低いために，投資機会は小さいことが説明されるのである。それゆえに，投資の限界効率表も相対的に低い位置に描かれている。すなわち，先進国経済の資本ストック量の規模の過剰さ，低利子率を反映して投資の期待収益額は小さくなるために，投資機会はより小さくなることが説明されるのである。

以上の分析から，開発途上国への投資の拡大は，先進国の投資の減少と裏表の関係にあることが説明されるのである。

(3) 対策としての経済政策

先進工業諸国と比較して，開発途上国の投資の限界効率表が低い場合は，開発途上国の国内投資が相対的に低くなる理由であることが説明される。その解決策としての経済政策は，投資の限界効率表を上げることであり，そのためには期待収益率を高めなければならないのである。

資本の期待収益率を高める方法は，開発途上国の国内市場の拡大，あるいは世界市場への輸出機会の増大であり，国内収益率の増加であり，資本供給費用と投資費用の減少である。そのために政府が行うべき仕事は，国際化を通した市場規模の拡大と産業構造の高

度化が必要である。しかし，すべてに先だって必要な政策は，社会資本の充実と労働者の質の向上であり，そして，労働生産性の上昇である。

5. 海外への金融投資の説明

ここでは，海外の金融資産の取得のための資本移動（間接投資）について分析する。

(1) 資産選択主体の効用関数

国内の貨幣保有と一定の収益について安全資産（無リスク資産）であると想定して，海外資産を危険資産であるとして，国内資産と海外金融資産との間の資産選択理論（ポートフォリオ）として分析する。

図 10.6 のように，縦軸に期待収益率 r，横軸にリスク（σ；標準偏差）をとると，国内の安全資産と海外の危険資産との間の資産選択主体の無差別曲線群を描くことができる。

この経済主体が海外への投資を考慮した資産選択において，リスク・ニュートラルの場合は，経済主体は収益率に対してのみ反応するために，この無差別曲線は水平となる。この経済主体は収益率が高い資産により先行順位を高めた行動をとることが説明される。

この資産選択者が対外金融投資に関して，危険回避者（risk averter）であるならば，この場合の無差別曲線 $U1 \sim 3$ は右上がりになることが説明される。なぜならば，より大きなリスクに対して，効用水準を一定に保つためには，より高い収益を求める傾向があるからである。この経済主体がリスクの増大とともにより高い収益率を求めることが無差別曲線の右上がりによる凸性の曲線となる要因

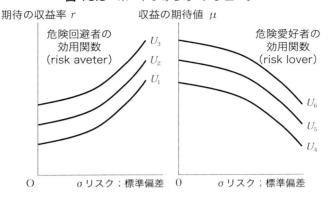

図10.6　ポートフォリオ・アプローチ

である。すなわち，リスクの上昇に対してより高い収益率を求めることがこの無差別曲線の意味である。

逆に，この資産選択者が危険愛好者（risk lover）ならば，この無差別曲線 $U4 \sim 6$ は右下がりになることが説明される。なぜならば，同じ収益率に対しては，より大きなリスクを求める傾向があるからである。海外金融投資においては，無自覚の状態リスク・ラバーとなる経済主体が現れることがある。

(2) リスク・リターン平面

縦軸に期待収益率 r，横軸に収益率のリスク（σ；標準偏差）をとった座標平面をリスク・リターン平面と呼ぶ。

①無リスク資産

国内金融資産を一定の収益率をもたらす安全資産（無リスク資産：リスクフリー資産：risk-free asset）として考える[11]。ここで，リスクを負うことなく収益が得られる資産のことであり，たとえば

---

[11] 厳密には，日本国内の株式などは安全資産ではないが，ここでは，国内への投資と海外への金融投資との相違を説明するために，このような区分を行っている。安全資産としては，現金や国債を想定する。

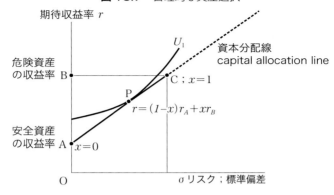

図 10.7 合理的な資産選択

国債である[12]。図 10.7 の点 A で表される。無リスク資産の収益率は定数の安全利子率となるので，その分散は 0 であり，他の資産との相関係数も 0 である[13]。

②平均分散接近法

この平均分散接近法（mean-variance approach）においては，収益の分散あるいは，標準偏差（＝分散の平方根）を危険の尺度として選択する分析方法である。特にノイマン＝モルゲンシュタイン流[14]の効用関数が 2 次曲線である場合には，期待効用は収益の平均値とその分散との関数になることが示される。

海外危険資産の確率変数 x の分散 $V(x)$ とは，確率変数の期待値（平均値）$E(x) = \mu$ からの偏差 $x - \mu$ の二乗 $(x - \mu)^2$ の期待値として表される。ここで，標準偏差は σ で表される。

$$V(x) = E[(x-\mu)^2] = \sum_{t=1}^{n} \pi_i (x_i - \mu)^2$$

---

[12] 海外の国債は為替リスクとカントリー・リスクが存在するために危険資産として管理する。元本保証の国債である。

[13] 原理的には完全にリスクが存在しない金融資産は存在しないが，デフォルトする可能性がほぼないと言える短期の先進国の国債などが代理として使用される。他の資産との相関係数が 0 であるという意味はお互いに独立な変数であるという意味である。

[14] 金融資産の期待収益率のクロスセクションモデル構造を記述するモデルである。

$$\sigma(x) = \sqrt{V(\mu)} = \sqrt{\sum_{t=1}^{n} \pi_i (x_i - \mu)^2}$$

③合理的な資産選択

いま,無差別曲線 U_1 と接する点Pにおいて,収益の期待値 μ_A の国内の安全資産 A を $(1-x)$ の割合で,期待収益率 μ_B の海外の危険資産 B を x の割合で,同時にもつとすると,平均収益は $\mu = (1-x)\mu_A + x\mu_B$ となり,資本分配線と接する点Pが効用極大となる。

(3) 安全資産＝無リスク資産の効果

投資家は国内において安全資産(無リスク資産)を借り入れること,つまり安全資産の空売りで,ポートフォリオにレバレッジをかけることができる。上記の数学的表現において $x>1$ となるときがポートフォリオにレバレッジがかかった状態となる。また無リスク資産の購入でリスク(標準偏差)を減らすこともできるようになる。

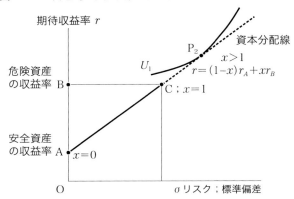

図 10.8 合理的な資産選択；安全資産の借り入れ可能な場合

$x<1$ となるときに無リスク資産が購入されている。

図 10.8 の場合のように無差別曲線 U_1 の接線が点 C よりも右上にある場合は，安全資産 A を借り入れることが可能な場合には，合理的な資産選択は，安全資産を同じ利率で借り入れて，危険資産を 1 以上もつこと（$x>1$）によって均衡点を P_2 とすることが最適であることを意味している。もし安全資産の借入れが不可能な場合には，点 C がセカンド・ベストとなる。

(4) 安全資産の収益率が上昇した場合

国内の安全資産の収益率が上昇した場合には，図 10.9 において，均衡点は点 P から点 Q へと移動する。このとき，収益率が上昇すると国内の安全資産の魅力が増加するというのが，代替効果であり，点 P から点 R への移動である。また，より有利な投資機会に恵まれてより高い効用水準に到達することが可能となるというのが，所得効果であり，点 R から点 Q への移動として説明される。

すなわち，代替効果が所得効果よりも大きい場合には，安全資産

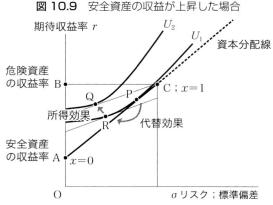

図 10.9　安全資産の収益が上昇した場合

の保有割合が増加するが，所得効果が代替効果よりも大きい場合には安全資産の保有割合は減少することが説明される。

(5) 危険資産の収益率が上昇した場合

国内の安全資産の収益率が一定のままで，海外の危険資産の収益率上昇した場合には，図 10.10 において，均衡点は点 P から点 Q′ へと移動する。このとき，海外の収益率が上昇すると海外の危険資産の魅力が増加して，国内の安全資産の魅力が相対的に低下することから，国内の資産から海外の資産への代替効果が発生し，均衡点は点 P′ から点 R′ へ移動する。また，より有利な投資機会に恵まれてより高い効用水準に到達することが可能となるというのが，点 R′ から点 Q′ への所得効果として説明される。

すなわち，代替効果が所得効果よりも大きい場合には，海外の危険資産の保有割合が大きくなり，安全資産の保有割合が小さくなる。

しかし，国内資産から海外資産への代替効果も所得効果も正の場

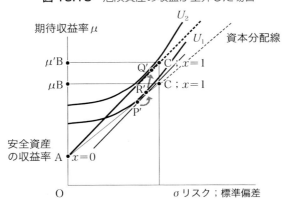

図 10.10　危険資産の収益が上昇した場合

合には安全資産の保有割合は減少することが説明される。この場合，国内の債券需要が減少することを反映して国内資産価格が低下する。

このような海外の危険資産の収益率の上昇が続くと想定される場合は，国内債券価格の低下が続くと予想されるために投機的動機に基づく貨幣需要は増加することが説明される。しかし，海外の危険資産の収益率が一時的であると想定される場合には，国内債券需要が増加するために国内の投機的動機に基づく貨幣需要は減少する。

(6) 現代ポートフォリオ理論
―安全資産と危険資産との配分―

現代ポートフォリオ理論（Modern portfolio theory；MPT）とは，金融資産への投資比率（ポートフォリオ）を決定する理論である。1952年にハリー・マーコウィッツ（Harry MaX Markowitz；1927–）によって発表された論文を端緒として研究が進められた。投資におけるポートフォリオの収益率の平均（期待値）と分散のみをコントロールするというモデルである。

現代ポートフォリオ理論においては，投資家は合理的でリスク回避的であると仮定されている。これは，同じ期待収益率の資産ならばリスクの小さいものを選好するという意味である。このリスクは収益率の標準偏差で測られる。このリスクを回避する程度がどの程度であるかは投資家によって異なるが，「分離定理」と呼ばれる定理により，すべての合理的投資家のポートフォリオ選択問題は所与の期待収益率を達成するもので最も分散が小さいものを選択するという問題に置き換えられる。

現代ポートフォリオ理論の仮定の1つとして，投資家は自身の投資の収益率の分布についてその平均と分散のみを考慮し，歪度や尖

度といった他の分布の特徴には関心をもたないと仮定している。このように平均と分散のみに着目したポートフォリオ選択理論を平均分散分析法（mean-variance analysis）と呼ばれている。このような投資家の選好は平均分散型効用関数や期待効用関数であれば，2次効用関数，あるいは収益率の分布が同時正規分布に従う場合に正当化されるのである。

[参考文献]

ケインズ，J. M. / 塩野谷祐一訳［1983］『雇用・利子および貨幣の一般理論』東洋経済新報社（Keynes, J. M.［1936］*The General Theory of Employment, Interest and Money*, The Macmillan Press LTD.）

Markowitz, Harry［1952］Portfolio Selection, *The Journal of Finance* Nol. 7, No. 1, pp.77-91, doi:10.1111/j.1540-6261.1952.tb01525.x.

エピローグ

1. 市場均衡理論がない日本の経済学

　日本の幕末の時代に各藩の財政改革の際に登場した，それぞれの藩の財政家の経済思想は，世界の常識とは異なっていた。備中松山藩の山田方谷（やまだほうこく；1805-77）も長州藩の村田清風（むらたせいふう；1783-1855）も「義ありての倹約である」と述べている。すなわち，藩の人々に大変な犠牲を強いるような藩政改革を実施する為政者にとって，社会的に必要なものは「義」であり，その「義」ありてこその藩の経済改革が可能なのであった[1]。
　「義をもって政策を行う」政策担当者がいてはじめて，私利私欲の動機で経済活動を行う商人も「義に感じて」経済活動を演じたのである。幕末の日本には「経済の義」が存在したのである。
　やがて明治維新を迎えて日本の経済が産業革命を経て資本主義経済へと移行する過程においては，経済に参加する人々の私利私欲を動機として経済が機能するようになる。これまでの幕末の武士の世界はやがてすべて商人という資本家の支配下におかれてしまい，各藩の経済の武士道の世界とは矛盾した国家の状態が出現する。武士の理想とする社会は経済的には理想の社会ではなく，武士が思うようには世界は動くものではなくなるのである。
　社会は人と人との集まりであり，経済は人と人の間においてモノやサービスの交換の場である。そこには人の気持ちと気持ちとの交流の場としての財やサービスの交換が市場として機能するのである。
　取引の参加者がその取引相手の個人としての人となりを疎んずれ

---

[1] 義において，松代藩の恩田木工（おんだもく；1717-62）の右に出るものはいないかもしれない。

ば，すなわち，相手もその人を疎んじることとなり，やがて社会はその総体として人々を疎むような世界として展開されていくのである。たとえば，薩摩藩の調所広郷（ずしょひろさと；1776-1848）のように人々の猜疑心とコンプレックスのなかで，あるときは彼を蔑み，あるときは彼を過剰に褒めたたえるという無責任な薩摩の武士と民衆のなかで必死に藩主，島津重豪（しまづしげひで）と次期藩主，斉興（なりおき）のために言われるがままに働き，最後は薩摩藩と藩主の立場を守るために「お由良騒動」[2]のなかで死んでいく。これが有能な官吏としての，調所広郷の人生なのである。

そのような調所広郷という人間が疎まれ，蔑まされるような社会において，より豊かな社会を実現することは不可能であり，財政改革のような，過度の緊張を強いる改革の実践は不可能となるのである。これが幕末の薩摩藩の実態であった。

この薩摩藩のように一見成功したようにみえる藩財政改革は500万両の歴代藩主の借金の踏み倒しと，元本だけを新たに250年債務の延べ払いとしたことこそが薩摩藩が社会を疎み，社会が薩摩藩を疎む原因なのである。この250年債務は，明治時代まで続き，残りの額は明治政府によって途中で消されているのである。

すなわち，人は人と人の間の信頼と尊敬のなかで経済活動を行うことが社会の理想であり，理想的社会の実現につながるのである。このような意味において，江戸時代から明治の時代への維新の改革は，日本の歴史の「大いなる断絶の歴史」であり，決してスムーズなものではなく，理想的なものでもなかったのである。

義なき経済改革

薩摩藩の調所広郷の藩政改革は，他藩の改革とは趣を異にするのである。薩摩藩の財政改革は，厳密には調所広郷による改革ではな

---

[2] 江戸後期，調所広郷が仕えた第8代藩主，島津重豪と第10代藩主，島津斉興の継嗣をめぐって起きたお家騒動である。斉興の長子斉彬（なりあきら）派と，愛妾お由良の子，久光派が対立したが，斉興の引退により斉彬が跡を継いで落着した。「高崎崩れ」とも「嘉永朋党事件」とも呼ばれる。

く，藩主重豪のアイデアと指示のもとで無批判に動いた調所広郷と藩主との合作による財政改革であった。「門前の小僧習わぬお経を読む」のたとえのとおり，調所広郷は重豪亡き後も，斉興のもとで島津藩の財政改革を盲目的に実行したのである。

2. 日本の経済学

　「幕末の諸藩の財政改革」の成功を強調するためには，日本的な経済学の存在を示すことが必要となる。西洋の経済学に対して日本的な経済学の存在の証明となるものである。これは，現在の主流派の経済学である新古典派経済学から考えると，奇跡の経済学である。幕末の諸藩の財政改革を成功に導いた日本的な経済学の存在とそこに登場した日本的な改革者たちの存在には，まさに，奇跡的な経済政策担当者の存在が必要だったのである。そこには日本の経済学のエッセンスがあるはずである。ここで，薩摩藩の財政改革については除外しなければならないだろう。

　われわれは，今日のわが国の財政改革の実現に向かって，この幕末の諸藩の財政改革の成功から，現代の日本人は多くのことを学ばなければならないのである。なぜならば，これまでの西洋的な市場原理と経済主体の合理的行動という大前提の背景にあるのは西洋的な虚構性であるからである。それは，人に対する認識の違いの問題である。神の前で平等な，しかし，人と人の間では常に敵対する存在としての社会が合理的な市場を機能させることの困難性を指摘すること，つまり西洋的な経済学への批判である。

　もう1つは，ケインズがその機能を否定しようとした，市場原理の問題は有効需要の存在によって説明される「市場の限界性」である。その背景としての資本主義経済の本質へのアプローチが重要となる

のである。すなわち，市場原理に代わる，より効率的な資源配分とより公正な所得分配システムのあり方とその構築方法の問題である。

そのような経済学の構築のためには，社会にとっての目標となる理念が必要である。それは，「世界の同時的な繁栄」といった当面実現するはずもない，どの国も本気では考えていない虚構の目的ではなく，本質の目的である。

それは薩摩藩になくて，備中松山藩と長州藩にはあったものである。すなわち，山田方谷や村田清風にはあって，薩摩藩の調所広郷にはなかったものである。それが「義」なのである。藩のため，日本のためにやるべき改革があるという強い意思と責任感なのである。

版籍奉還と秩録処分

版籍奉還と秩録処分を実施することを提案したのは，薩摩藩と長州藩の下級武士である。彼らは，藩の財政危機のときの1番の犠牲者だったのである。もともと少ない奉禄を切り捨てられたり，遅配によって極貧の生活を強いられてきた下級武士たちが個々の藩での経済の自立がいかに無理であるかを知っていたのである。つまり，参勤交代を廃止し藩主の二重生活を止めることが，地域の住民の生活の安定のために大事であることを理解していたのである。

これは幕府が地方の雄藩に課した「お手伝い」という無駄を省くことも同様である。さらに，国内での必要な公共事業を行うためには，版籍奉還後の廃藩置県は中央集権化を進めるうえでも重要な政策であったのである。

このような立場から私はJ. M. Keynesの経済学に資本主義経済の中の「義」を感ずるのである。

事項索引

あ 行

IS・LM モデル ……………………… 53
IS 曲線 ………………………… 119, 152
アジア通貨危機 …………………… 6
誤った公共事業 …………………… 177

異時点間の予算制約条件式 …… 129
インフレ・ギャップ ………… 108, 185

ウィーン学派 ……………………… 14
ヴェルサイユ・ワシントン体制 …… 25
売りオペレーション …………… 165

永久債権（コンソル債権）…… 138

オーストリア学派 ………………… 14

か 行

買いオペレーション …………… 164
開発途上国 ……………………… 206
外部不経済効果 ………………… 177
貸付資金説 ……………………… 45
貨幣数量説 ……………………… 132
貨幣の「中立性」………………… 46
カルタゴの平和 ………………… 24
カルドア型の消費関数 ………… 104
カントリー・リスク …………… 206

機能財政 ………………………… 179
キャピタル・ゲイン …………… 138
キャピタル・ロス ……………… 138
均衡予算乗数 …………………… 102
金融緩和政策 …………………… 163
金融引き締め政策 ……………… 163

クラウディング・アウト効果 …… 159

ケインジアン・クロス …………… 89
ケインズ革命 ……………………… 11
ケインズ・トラップ（ケインズの罠，流動性の罠）………… 139, 159, 163
限界消費性向 ……………… 93, 95, 101
限界税率 t ……………………… 179
限界貯蓄性向 …………………… 101
減税政策 ………………………… 161
現代ポートフォリオ理論 ……… 214

公開市場操作 …………………… 164
効果ラグ ………………………… 167
公定歩合操作 …………………… 165
効用極大化行動 ………………… 129
国際通貨基金 …………………… 33
古典派の第1公準 …………… 37, 41, 75
古典派の第2公準 ……………… 37, 41
雇用乗数 ………………………… 83
コンソル債権（永久債権）…… 138

さ 行

財政乗数 …………………… 100, 102
三重の経済問題 ………………… 186

時間選好率 ……………………… 129
時間割引率 ……………………… 131
市場原理 ………………………… 37
実施ラグ ………………………… 167
自動安定化装置 ………………… 181
資本資産の供給価格 …………… 109
資本設備の残存価値 …………… 112
資本の概念 ……………………… 21
資本の限界効率 …… 19, 115, 117, 110

事項索引 221

社会的余剰	48	定額税の場合の租税乗数	101
社会保障支出		テトラポットとしてのピラミッドの	
（マイナスの所得税）	180	建設説	191
自由主義経済（＝自由放任経済）	12	デフレ・ギャップ	107, 185
週の概念	52		
自由放任主義	6	投機的動機に基づく貨幣需要	
乗数理論	81		132, 136
消費者余剰	49	投資関数	113, 119
消費性向	56	投資需要表	112
新古典派経済学	1	投資の限界効率	117
新古典派総合	1	トランスファー問題	25
真正インフレーション	84	取引的動機に基づく貨幣需要	136
自発的失業	42, 77	貪欲の動機	71

な 行

静学分析	51
生産者余剰	49
清算同盟	32
正の外部経済効果	175
西洋的合理性	2
Z 曲線	58
線形貯蓄関数	125
先進工業諸国	207

逃げ水	186
日本の社会資本（インフラ）の老朽化	86
ニューディール政策	17
認知ラグ	167

は 行

総供給関数	55
総需要関数	55, 57
増税政策	160
租税乗数	102
粗投資	124

『蜂の寓話』	2
バブルの発生	6
バブルの崩壊	6
バンコール	32

た 行

第一種の安定条件	157
大恐慌期	15
他の事情にして等しき限り	51
賃金単位 W	66
賃金率の下方硬直性	43
津波との共生	193

比較静学分析	156
非自発的失業	12, 43, 77, 78
美人コンテスト	30
ヒックス＝ハンセン流の	
IS・LM モデル	151, 152
ピラミッド	189
ピラミッドの建設	12
フィスカル・ポリシィー	179
フィッシャーの交換方程式	132
双子の赤字	153

不美人投票 …… 31
プライマリー・バランス …… 183
フリー・ライダーの矛盾 …… 172
ブレトンウッズ協定 …… 33
ブレトンウッズ体制 …… 14

平均消費性向 …… 101
平均貯蓄性向 …… 101, 125
ヘッジ・ファンド …… 6

補正財政 …… 179
ポリシー・ミックス …… 183

ま 行

マーシャル経済学 …… 13
マーシャルのケンブリッジ残高方程式 …… 133
マイナスの所得税
（社会保障支出）…… 180
摩擦的失業 …… 42, 77, 79

無駄な公共事業 …… 177

や 行

有効需要 …… 55
有効需要の原理 …… 63
有効需要の理論 …… 34, 52
輸入財 …… 195

預金準備率操作 …… 166
予備的動機に基づく貨幣需要 …… 136
45度線の理論 …… 93

ら 行

流動性選好の理論 …… 132, 136
流動性選好理論 …… 141
流動性の罠 …… 139
流動性の罠
（ケインズ・トラップ）…… 139, 159, 163

わ 行

ワルラス法則 …… 149, 150

人名索引

あ 行

アダム・スミス（Adam Smith） ……………………………………………………………… 2
アルヴィン・ハンセン（Alvin Harvey Hansen） …………………………………………… 89
アルフレッド・マーシャル（Alfred Marshall） ……………………………………………… 23

ウィリアム・ボーモル（William Jack Baumol） …………………………………………… 139
宇沢弘文 ……………………………………………………………………………………… 58

オースティン・ロビンソン（E. Austin G. Robinson） ……………………………………… 31

か 行

カーン（R. F. Kahn） ………………………………………………………………………… 83
カルドア（N. Kaldor） ……………………………………………………………………… 123

さ 行

サミュエルソン（P. A. Samuelson） ……………………………………………………… 32, 93

ジェイムズ・エドワード・ミード（James Edward Meade） ……………………………… 31
ジェームズ・トービン（James Tobin） ……………………………………………………… 139
ジョーン・ロビンソン（Joan Violet Robinson） …………………………………………… 31
ジョセフ・A・シュムペーター（Joseph A. Schumpeter） ………………………………… 14
ジョン・R・ヒックス（John Richard Hicks） ……………………………………………… 7, 89
ジョン・メイナード・ケインズ（John Maynard Keynes） ………………………………… 3, 22

た 行

デヴィッド・リカード（David Ricardo） …………………………………………………… 5

な 行

ニコラス・カルドア（Nicholas Kaldor） …………………………………………………… 103

は 行

バーナード・デ・マンデヴィル（Bernard de Mandeville） ……… 2
ハーバート・フーバー大統領（Herbert Hoover） ……… 17
ハリー・マーコウィッツ（Harry MaX Markowitz） ……… 214
ハンセン（A. H. Hansen） ……… 147, 179

ピエロ・スラッファ（Piero Sraffa） ……… 31
ピグー（A. C. Pigou） ……… 45
ヒックス（J. R. Hicks） ……… 14, 51, 147

フランクリン・ルーズベルト大統領（Franklin Delano Roosevelt） ……… 17

ポール・A・サミュエルソン（Paul Anthony Samuelson） ……… 1

ま 行

ミハウ・カレツキ（Michal Kalecki） ……… 31
ミルトン・フリードマン（Milton Friedman） ……… 135

ら 行

リチャード・カーン（Richard Ferdinand Kahn） ……… 31
リディア・ロポコワ（Lydia Vasilyevna Lopokova） ……… 26

レズリー・スティーヴン（Leslie Stephen） ……… 3

ロバート・ソロー（Robert M. Solow） ……… 32

【著者紹介】

大矢野　栄次（おおやの・えいじ）
1950 年　愛媛県生まれ
1974 年　中央大学経済学部卒業
1977 年　中央大学大学院経済学研究科修士課程修了
1982 年　東京大学大学院経済学研究科博士課程修了
現　在　久留米大学名誉教授

〈著　書〉
『安売り卵の経済学』（同文舘出版，1986 年）
『現代経済学入門』（同文舘出版，1989 年）
『オープン・マクロ経済学』（共著，同文舘出版，1998 年）
『新訂版　国際貿易の理論』（同文舘出版，2011 年）
『ケインズとマクロ経済学』（同文舘出版，2013 年）
『テキスト国際経済学』（同文舘出版，2017 年）
『江戸のCFO―藩政改革に学ぶ経営再建のマネジメント』（日本実業出版社，2017 年）　ほか

2018 年 9 月 30 日　初版発行
2025 年 3 月 15 日　初版 2 刷発行　　　略称：ケインズマクロ

ケインズの経済学と現代マクロ経済学

著　者 © 大矢野　栄　次
発行者　中　島　豊　彦

発行所　同 文 舘 出 版 株 式 会 社
東京都千代田区神田神保町 1-41　〒101-0051
営業 (03) 3294-1801　　編集 (03) 3294-1803
振替 00100-8-42935　https://www.dobunkan.co.jp

Printed in Japan 2018　　　　　　　DTP：マーリンクレイン
印刷・製本：DPS

ISBN978-4-495-44291-0

JCOPY 〈出版者著作権管理機構　委託出版物〉
本書の無断複製は著作権法上での例外を除き禁じられています。複製される場合は，そのつど事前に，出版者著作権管理機構（電話 03-5244-5088, FAX 03-5244-5089, e-mail: info@jcopy.or.jp）の許諾を得てください。

本書とともに〈好評発売中〉

テキスト国際経済学

大矢野栄次　［著］

A5 変型判・152 頁
税込 1,870 円（本体 1,700 円）

新訂版
国際貿易の理論

大矢野栄次　［著］

A5 判・276 頁
税込 3,850 円（本体 3,500 円）